항공서비스실무 워크북

퀴즈로 풀어보는 항공지식

조희정 지음

21세기사

2019년에 등장한 COVID-19의 급속한 확산으로 2020년부터 지금까지 국제적인 대면 활동에 제약이 따르고 있어 여객실적은 큰 타격을 입었다.

2021년 전세계 공항은 COVID-19 위기로 여객 운송량이 35.5% 감소하였고, 2022년 말까지 3100억달러 이상의 손실이 예상된다고 전망하기도 한다. 또한 장기적으로 COVID-19 이전 수준으로 회복하려면 최대 20년이 걸린다고 예상하는 경우도 있다.

이와같이 항공업계의 다양한 전망들이 연일 기사화되고 있는 상황에서 항공산업에 대한 일반 저서만으로는 산업의 흐름을 따라갈 수 없다고 생각되어 교육현장에서는 다양한 뉴스와 디지털자료들을 활용한 교안을 주교재로 그리고 항공관련 전공서적은 참고도서로 사용하고 있다.

매번 변화하는 내용을 수업에 담아내기에는 출판물의 한계가 있기 때문이다.

교육현장에서는 '무엇을 가르치느냐'보다 '어떻게 가르치느냐'가 중요하게 된지 오래이다. 특히나 전문대학의 상황에서는 학령인구의 감소로 학습능력의 저하를 보이는 학생들에게 공부에 대한 동기부여가 학습량이나 학습에 대한 질보다 중요하게 된 것이다.

그러다보니 교재위주의 일방적인 강의는 지양하고 다양한 활동을 통해 학생들 스스로 학습하고 그것을 동기들과 공유하며 학습하는 방식의 교육법을 고민하고 적용하고 있다.

본 교재는 수업 중 학생들에게 제공하는 다양한 활동사항을 엮어 [워크북]이라는 형식으로 제작하게 되었다. 본 워크북은 수업의 메인교재로 활용하는 것이 아니라 수업의 주교재가 되는 디지털콘텐츠 자료와 병행하여 스스로 학습할 수 있도록 부교재로 활용할 수 있다.

워크북에 삽입된 퀴즈들은 구글의 설문지 퀴즈양식을 통해 제공하여, 사전퀴즈는 수업의 출석으로 그리고 복습퀴즈는 수업의 활동 평가로 활용하였다.

항공산업에 대한 전문 저서의 기준으로 본 교재를 평가한다면 학습내용이 부족하게 보일 수 있을 것이니 학생들의 수업참여를 위한 활동지의 성격으로 활용하는 워크북이라는 것을 다시 한번 강조한다.

다소 실험적인 저서의 출판을 선뜻 허락해준 도서출판 21세기사 이범만 대표님께 감사의 인사를 드린다.

2022년 3월 성남에서

11 수하물 • 127

PART **01**

항공서비스의 이해

개 요

이 장에서는 항공산업과 항공서비스를 이해하기 위한 사전학습으로 다양한 항공용어를 통해 사전 지식을 확인한다.

학습목표

• 항공산업과 항공서비스에 대한 사전 지식이 어느 정도인지 확인할 수 있다.

학습내용: 이론

• 항공산업과 항공서비스를 대표하는 항공용어에 대해 제시한다.

학습내용: 실습

• 항공관련 용어를 확인하면서 항공분야 지식을 확인한다.
• 항공관련 퀴즈를 풀면서 항공분야 지식을 확인한다.

알 아두면 쓸 데있는 신 기한 항 공용어

* 제시되어 있는 단어(용어)중에 알고 있는 것을 표시해보시오. 학습자의 사전지식을 확인해보는 시간입니다.

탑승권	KE / OZ/ L7	IATA / ICAO	SEAT MAP
E-TK	FSC / LCC	SEL / NYC / HKG	Bulkhead seat
Boarding Pass	CODE SHARE	AUG / SEP / NOV	Emergency Exit seat
항공기 기종	Value Alliance	ICAO Phonetic Alphabet	Window seat
A380 / B787	Alliance	APIS	Aisle seat
면세범위	FFP	Baggage claim tag	ADT / CHD / INF
Customs	BLOCK SPACE	Transit	NON-STOP
Quarantine	Star Alliance	Transfer	DIRECT
Immigration	Sky Team	CFM / RCFM	CONNECTION
수하물	OneWorld	STOP OVER	MCT
운송제한 승객 (Invalid)	Delay	Ground Transportation	릴리엔탈
Stretcher PSGR	Cancel	Miss Connection	라이트형제
UM	Fly back	Hotel lay over	ZEPPLIN 제플린

SED	마의 11분	전신스캐너	Sikorsky 시골스키
유류할증료	항공유	자동출입국심사	SELF CHECK IN
CREW	운항승무원	지상직	지상조업사
주기장	탑승카운터	Runway	FUEL DUMPING
Taxiway 유도로	라운지	GO-AROUND	WIND SHEAR 윈드시어
DE-ICING	CRS / GDS	TOPAS/ ABACUS / GALILEO / WORLDSPAN	SABRE
BSP	SELF BAG DROP	액체반입규제	기내식
checked baggage 위탁수하물	Unchecked baggage 휴대수하물	free baggage allowance	Weight System / Piece System

 조사해보기

항공기를 이용하면서 황당했던 경험이 있으면 공유해봅시다.

퀴즈로 알아보는 항공상식

* 퀴즈를 풀면서 항공상식을 확인해보는 시간을 갖겠습니다.

QA 질문에 답해보시오.

Q1 우리나라에 가장 먼저 취항한 항공사는?

_____

Q2 항공기로 수송 가능한 반려동물은?

_____

Q3 맹인안내견은 목줄만 하고 항공기 객실에 탑승할 수 있다?(○, ✗)

_____

Q4 생후 10개월 아기는 국내선 비행기에 무료로 탑승가능하다?

_____

Q5 주민등록증이 있는 국내인은 별도의 신청없이 자동 출입국심사대를 이용할 수 있다?

_____

Q6 태풍으로 지연되거나 취소되면 고객은 손해배상을 청구할 수 있다?

_____

Q7 면세점은 출국시에만 이용할 수 있다?

Q8 비행기내 모든 좌석은 발 앞이나 발 밑에 가방을 두어도 된다?

Q9 비행기내에서 체크카드로 기내 면세품을 구매할 수 있다?

Q10 비상탈출시에 하이힐을 벗어야 한다?

PART **02**

항공운송의 역사

개 요

이 장에서는 항공운송의 역사를 통해 항공기의 정의와 항공기의 발달과정을 학습한다.

학습목표

· 항공기의 발달과정을 설명할 수 있다.
· 역사적으로 항공기 발달에 중요한 분기점이 되었던 것에 대해 설명 할 수 있다.

학습내용: 이론

· 항공기의 역사적 발달과정
· 항공기의 기술적 발전

학습목표

· 제트기중에 민간항공기로 이용되고 있는 기종의 차이 설명하기

사전 퀴즈

1)	2)	3)
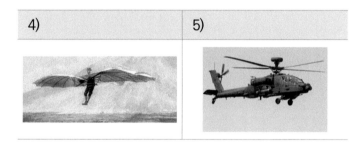		

4)	5)

1. 그림 위에 이름을 적어주세요.

2. 항공기에 해당되는 번호는?

3. 항공기 발달과정에 맞게 순서를 나열해 보시오.

I 항공기의 발달과정

1 인간의 하늘에의 시도

- 다이달로스와 이카루스에 대한 고대 그리스 신화
- 새의 깃털을 밀랍으로 붙여 미궁에서 빠져나오지만 이카루스는 태양열에 밀랍이 녹아버려 결국 추락
- 이 신화는 과학적인 근거는 전혀 없지만 비행에 대한 인류의 동경을 나타낸다고 할 수 있다.

2 비행 이론의 원조 - 레오나르도 다빈치

- 여러 가지 비행기구를 연구
- 실제로 그의 구상이 현재의 비행기에 도움이 되지는 못함
- 자신의 연구가 남에게 함부로 이용되는 것을 막으려고 글씨를 거울에 비추어 거꾸로 쓰거나 자신만이 알 수 있는 방법으로 기록했기 때문에 그의 발상을 남들이 이용할 수 없었음
- 글라이더는 스케치를 기반으로 실제로 만들어졌을 때 비행이 가능했음
- 나선형 모형의 날개를 가진 헬리콥터와 비슷한 비행물체를 구상하기도 함

3   최초의 항공기 - 몽골피에 형제의 열기구

- 하늘을 날고 싶다는 인류의 욕망을 최초로 실현
- 1700년대 말 뜨거워진 공기를 불어 넣음으로써 물체를 위로 들어 올릴 수 있다는 원리를 발견
- 종이로 만든 열기구
- 1783년 동물(소, 양, 닭 등)을 싣고 3km 자유항행을 성공

4   글라이더 - 오토 릴리엔탈(Otto Lilienthal)

- 독일의 항공개척자
- 1891년 최초로 사람이 탈 수 있는 글라이더 제작
- 2500번 이상 비행하며 조종기술 개발
- 시험비행중 추락사
  (큰 것을 위해 때론 작은 희생도 필요하다 - 1896년 8월 10일 사망 직전 남긴말)

5   동력비행기 - 라이트형제(Orville Wnight & Willbur Wnight)

- 릴리엔탈의 사망소식을 듣고 그의 도전의식을 본받아 비행기 제작 시도
- 하루 20번이상 석달동안 1천번 넘게 글라이더를 띄우며 수많은 실험을 함
- 자신들만의 엔진과 프로펠러를 개발하여 세계최초의 유인 동력기 '플라이어'호 탄생
- 1903년 12월 17일 나무와 철사, 천으로 만든 길이 12m, 무게 340kg 비행기에, 12마력의 가솔린 엔진 장착 후 비행
- 12초 36m 최초 이동

- 16마일을 4회 비행하여 세계 최초의 동력비행기로 기록됨
- 프랑스에서 선회비행을 하며 100회의 시험비행을 성공하면서 유명인사가 됨

6 Zepplin 비행선

- 1910년 독일인 제펠린 남작이 비행선을 이용하여 상업비행을 시작
- Graf Zepplin은 길이 245m 세계 최대의 비행선
- 1928년-1940년까지 600회 비행이라는 경이적인 기록을 남김

7 대서양 횡단 - 찰스 린드버그(Charles Lindbergh)

- 뉴욕의 호텔왕 레이먼드 오티그 "뉴욕~파리 논스톱 횡단하면 2만5천달러 주겠다"
- 낙하산도 싣지 않고 최소한의 연료로 무게를 줄여 비행시도
- 1927년 뉴욕출발 파리도착, 5,800km
- 33시간 30분 대서양 무착륙 단독 비행에 성공
- 비행기는 위험하다는 통념을 바꾸다
- 비행기 4배, 승객수 30배 증가, 항공물류산업의 토대 마련
- 타임지 선정 첫 번째 '올해의 인물'

II 전쟁과 항공기의 상업화

1 전쟁과 항공기의 발전

- 1차대전(1914-1918) 이후 비행 기술은 급격히 발전
- 독일에서 단엽기 개발
- 정찰기에서 전투기 그리고 폭격기로 발전
- 2차대전(1940-1945)에서는 항공기가 전쟁의 주역

2 시콜스키 VS300(헬리콥터)

- 1939년 케이블을 묶어 비행 시도
- 1940년 5월 첫 자유 비행 성공
- 플툰을 장착한 후 수륙양용으로 이용

3 제트 비행기 개발

- 1957년 제트기의 출현으로 고속 항공수송시대 개발
- 시속 320km에서 960km로 빨라짐

4 점보기도입

- 1969년 2월 B747의 시험비행으로 점보기시대 열림(400명 탑승)
- 시속 900km 이상으로 속도를 낼 수 있음
- B747-400은 524명 탑승
- B787(Dream Liner) - 친환경 항공기, 낮은 기압과 습도로 쾌적한 환경제공, 소음과 흔들림을 개선하고 5인치 가량 높아진 객실천장, LED 조명 등으로 편안한 분위기를 제공
- A380 - 2007년 취항, 하늘을 나는 7성급 호텔이라 불림
  2층 구조 초대형항공기(544석 최대 853석 가능)

5 초음속 비행기 - 콩고드기

- 시속 2450km, 영국에서 뉴욕을 3시간 40분에 이동(기존 6시간이상)
- 비싼 가격(일반비행기 퍼스트클래스의 4배 가격)
- 최악의 연료효율
- 좁은 내부(공기저항을 이기기 위해 기체를 설계하다보니 실내가 좁아져 불편함)
- 소닉붐(소음)과 충격으로 인한 피해 등의 원인으로 2003년 운항 중단

 조사해보기

1. 특정항공사 홈페이지에서 보유하고 있는 기종정보를 찾아보시오
2. 항공산업의 특성을 정리해보시오
3. 우리나라에서 최초의 항공기에 대한 자료를 찾아보시오

학습정리

1. 최초의 항공기는?

2. 독일의 항공개발자로 글라이더를 제작한 사람은?

3. 라이트형제가 개발한 최초의 동력비행기 이름은?

4. 뉴욕에서 파리까지 최초의 무정차 대서양횡단을 성공하여 항공물류의 토대를 마련한 사람은 누구인가요?

5. B747, A380의 의미는?

6. 콩고드기에 대해 설명하시오.

복습 퀴즈

1. 최초의 항공기는 글라이더이다(ㅇ, ×).

2. 글라이더를 만든 사람은 린드버그이다(ㅇ, ×).

3. 최초의 동력비행기를 개발한 사람은?

4. 최초의 동력비행기 이름은?

5. 전쟁 초기에 항공기는 주로 전투용으로 이용되었다(ㅇ, ×).

6. (초성퀴즈)

   2차 세계대전 전후로 ㅈㅌㅇㅈ이 개발되었다.

7. 전쟁이 항공산업에 미친 영향이 아닌 것은?

   ① 상업화 ② 대량생산 ③ 점보기 제작 ④ 기술적발전

8. 헬리콥터의 아버지는?

9. 2차 세계대전에서 전승의 주역은?

   ① 육군 ② 해군 ③ 공군

10. 초음속 항공기의 문제점에 해당되지 않는 것은?

    ① 시간적 효율성 ② 소음 ③ 대기오염 ④ 쾌적성

[Memo]

PART 03

저비용항공

개 요

이 장에서는 저비용항공사의 정의와 저비용항공사의 성공 사례를 통해 저비용항공사의 경영 특성을 이해하고, 저비용항공사의 전략을 학습한다.

학습목표

- 저비용항공사에 대해 설명할 수 있다.
- 저비용항공사의 전략에 대해 설명할 수 있다.

학습내용: 이론

- 저비용항공사
- 저비용항공사의 전략

학습내용: 실습

- 저비용항공사의 서비스 차이 설명하기

사전 퀴즈

1. 우리나라의 항공사는 모두 몇 개일까요? 항공사 이름을 적어보시오.

2. 항공사를 운영하는데 cost를 줄이기 위해서는 어떤 방법들이 있을까요?

Ⅰ   LCC

국내항공사를 정리해보면 다음과 같다(2021.09월기준).

- 대한항공(1969년)
- 아시아나항공(1988년)
- 제주항공(2006년)
- 진에어(2008년)
- 에어부산(2008년)
- 이스타항공(2009년)
- 티웨이항공(2010년)
- 에어서울(2016년)

- 코리아익스프레스에어(2005)
- 에어인천(2012)
- 에어서울(2016)
- 플라이 강원(2019)
- 에어프레미아(2021)
- 에어로 케이(2021)

 조사해보기

1. 현재 운항중인 항공사의 홈페이지를 방문해보시오.
2. 회사정보와 주요 노선 및 기종정보 등의 자료를 찾아보시오.

1 정의

저비용 구조의 항공사로 낮은 운임을 제공하는 항공사(LCC : Low Cost Carrier)

- 유사용어 : Low Fare
- 항공사 관점 - 저비용항공사

  이용자 관점 - 저가격항공사

2 Cost를 낮추는 법

(1) 기종의 선택과 집중

- 기종이 다양할 경우 정비사나 안전관리를 위한 비용이 증가

(2) 단거리 노선운영

- 단거리직항(POINT-TO-POINT) 수요에 집중

(3) 인터넷을 활용한 직접 발권

- 콜센터 인건비와 유지비를 절감
- Early Bird Price로 판매촉진

(4) Single Class 운영

- 최대한 많은 승객을 탑승시켜 수익 창출

(5) 기내 서비스의 최소화

- 기내식과 기내서비스의 유료화
- 기내서비스의 단순화로 승무원 인원 감축
- 기내 오디오 장치 최소화로 컨텐츠 비용과 유지보수 비용 절감

(6) 수하물 수수료 징수

- 특가운임에 수하물 불포함

(7) 퀵턴(Quick Turn) 비행

- 대기시간을 최소화하여 운행 횟수를 늘림

(8) 수수료

- 예약변경 또는 취소 수수료를 높게 책정

(9) LCC전용 공항이나 LCC 터미널 이용

- 공항이용료가 저렴한 공항을 이용

(10) 항공권 인쇄비용 절약

 - 마그네틱 항공권 대신 바코드 형식의 영수증 또는 모바일 항공권 사용

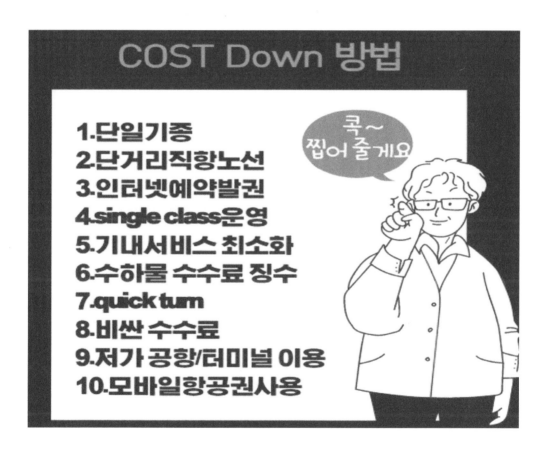

3 LCC vs FSC

구분	LCC	FSC
기단구성	단일기종	혼합기종
주요생산물근원	단거리 노선 (POINT -TO-POINT)	단거리 및 장거리 노선
		편명공유
		네트워크제휴
사업범위	부가서비스 無제공	모든 서비스 제공
	이코노미 좌석 위주	비즈니스 좌석 보유
비용	낮은 운항 및 관리 비용	높은 운항 및 관리 비용
공항과의 관계	보조공항과 주변지역	**(HUB)허브공항**과 주변지역

(1) 편명공유(Code Share)

- 공동운항
- code는 항공기를 말함
- 항공사들간에 좌석을 공동판매함으로서 노선을 공동으로 운영하는 것
- 승객은 구매한 항공사의 항공권을 갖고 탑승
- 판매자는 공동운항에 대한 정보를 구매자에게 제공해야 한다.

(2) 허브공항(Airline Hub)

- 거점공항, 환승공항
- 특정 지역의 중심이 되는 공항
- 특정 항공사가 거점 공항으로 이용하는 공항
- ICN, LAX, LHR, FRA, SIN 등등
- 허브공항의 조건

① 노선이 다양하다. 운항편수가 많다
② 환승이 편리하다
③ 철도, 고속도로 등 타 교통수단과 연계가능
④ 합리적 공항이용료

4 Southwest Airlines

- 1971년 운항개시
- 휴스턴 중심가에서 가까운 윌리엄 호비 공항에서 운항
- 도시지역에 가까운 공항을 이용하는 영업전략은 저비용항공사의 성공법칙의 하나가 됨
- 도착한 항공기를 10분만에 다시 손님을 태우고 출발하는 전략은 여러 LCC의 모델이 됨
- 단거리를 저운임 고빈도로 운행하는 전략이 성공함
- 1988년 정시운항률, 수화물의 분실, 이용자 불만 등 3개 부문에서 미국 전체 1등을 달성
- 1995년 전자항공권제도를 도입하고 티켓리스(Ticketless) 시스템 도입

① **서비스전략**
  - 비즈니스 승객 대상으로 저렴하고 안전한 중단거리 노선제공
  - 기업운영비용을 줄이는데 초점
  - 원가를 낮추고 요금을 낮춰 승객유치
  - 승객이 많아지면 운항편수를 늘리고, 고객은 자신의 일정에 맞춰 더 편리하게 이용
  - 직항만 운영(point-to-point)하여 정시율은 상승
  - 동일항공기 보유(B737)로 정비, 보수, 훈련 등이 간소화함
  - 혼잡하지 않은 대도시 인근 공항 이용으로 접근성은 올리고 비용은 절감함

② 서비스내용

- 좌석배정 없음(탑승수속 시 좌석번호 확인 필요 없음)

- 업무 간소화로 탑승시간 단축

- 종이탑승권 없음

- 인터넷을 통한 항공권 판매(비용 1/10로 절감)

- 간단한 스낵제공(기내식 보관 및 주방공간, 손수레, 인원, 시간 절감)

- 환승시 수하물 이동 서비스 미제공(연착으로 인한 대기 필요 없음. 승객 수하물 분실 없음)

학습정리

1. LCC, FSC를 풀어쓰시오.

2. 우리나라 항공사를 코드로 적으시오.

3. FFP를 풀어쓰시오.

4. CODE SHARE를 설명하시오.

5. HUB를 설명하시오.

생각해보기_ LCC에 대한 오해와 진실

1. LCC비행기는 많이 흔들린다?	① 오해　② 진실
2. LCC비행기는 소음이 심하다?	① 오해　② 진실
3. LCC 프로펠러 비행기가 무서웠다?	① 오해　② 진실
4. LCC는 오래된 비행기라 사고가 자주 난다?	① 오해　② 진실
5. LCC는 결항이나 지연이 잦다?	① 오해　② 진실

복습 퀴즈

1. LCC와 반대되는 개념의 항공사는?

   ① FCC ② FSC ③ HCC ④ HSC

2. LCC에 대한 설명으로 가장 적합하지 않은 것은?

   ① 저가항공사이다.

   ② COST를 낮추는 전략이 핵심이다.

   ③ 인건비를 줄이기 위해 인터넷을 통해서 예약과 구입을 한다.

   ④ 기내서비스를 최소화하면서 승무원을 감축한다.

3. 항공노선의 종류에 해당되지 않는 것은?

   ① NON STOP   ② CODE SHARE

   ③ CONNECTION   ④ DIRECT

4. 특정지역의 중심이 되는 공항을 무엇이라 하나요?

   ① SPOKE   ② HUB

   ③ CLASS   ④ QUICK TURN

5. 직항노선에 해당되지 않는 것은?

   ① POINT-TO-POINT   ② NON-STOP

   ③ QUICK TURN

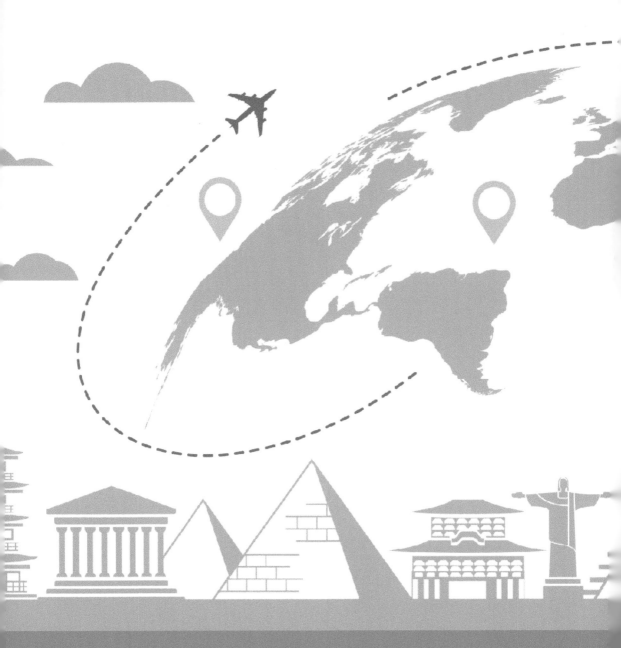

PART 04

CRS

개 요

이 장에서는 항공예약시스템인 CRS에 대해 학습한다.

학습목표

· CRS의 개발배경을 설명할 수 있다.
· CRS의 현황과 기능을 설명할 수 있다.

학습내용: 이론

· CRS의 개념과 역사
· CRS의 현황과 기능

학습내용: 실습

· CRS 실습

사전 퀴즈

1. 항공사의 코드는 왜 만들었을까요?

2. CRS는 어떤 기능을 갖고 있을까요?

3. CRS가 개발되기 전에는 어떻게 항공예약을 했을까요?

1 CRS 개념

- Computer Reservation System
- 예약 업무에 사용되는 컴퓨터예약시스템
- 관광정보, 고객관리, 재무관리, 좌석재고관리, 호텔예약, 렌터카 예약 등으로 기능이 확대됨
- 항공좌석 예약기능을 비롯해 호텔, 렌터카, 철도, 해운에 이르기까지 여행객이 원하는 모든 정보를 제공하는 고부가가치 통신망
- CRS가 개발되기 전까지는 항공예약과 발권업무에 관한 일을 하기 위해서 OAG (Official Airline Guide)와 Air Tariff 등의 항공운임 책자를 이용하여 항공운임을 산출하고 항공권을 발권
- 그러나 CRS가 개발된 이후 항공예약, 발권업무는 컴퓨터를 이용하여 간단하게 처리할 수 있게 됨

2 CRS 역사

- 최초의 CRS는 1964년 AA의 SABRE(Semi-automated Business Research Environment)
- IBM과 사내 인트라넷으로 개발함
- 1970년대 미국 주요 항공사는 자체 CRS를 개발하여 이용함 (UA-APOLLO, DL-DATAS2, NW-PARS)
- 1976년 SABRE를 여행사에 보급하였고 CRS를 개발할 수 없는 중소항공사와 CO-HOST제도를 도입하여 대형 항공사의 CRS에 중소항공사의 정보를 제공하며 같이 이용할 수 있게 됨
- 그러나 항공사들은 여행사에 보급하는 CRS에 자사위주의 정보를 제공하여 중소항

공사들이 피해를 입게되었고, 1984년 중소항공사들이 AA를 '반독점법 위반'으로 미 연방법원에 제소하는 사건이 발생

- 이후 중소항공사가 재판에 승리하면서 'CRS의 중립성'이 법규로 제정됨
- 최근의 CRS는 각종 관광정보에서부터 고객관리, 재무관리, 좌석재고관리, 호텔과 렌터카 예약의 기능까지 제공되고 있기 때문에 항공사와 여행사를 막론하고 관광과 관련된 업무를 처리하기 위해서라면 반드시 필요한 도구임
- 유럽과 아시아는 미국처럼 항공사 주도로 CRS를 개발하는 것이 아니라 여러 항공사 간 제휴를 통해 CRS를 개발하는 양상을 보임
- 연합형태의 CRS개발은 범지역적 특성을 갖고 있으며 CRS와 구분하기 위해 GDS(Global Distribution System)이라 함

AMADEUS	GALILEO	ABACUS
에어프랑스	영국항공	싱가폴항공
루프트한자	스위스항공	캐세이퍼시픽
이베리아 항공	알이탈리아	말레이시아항공

3   CRS 현황

- 미주지역은 SABRE, SYSTEM ONE이 주로 이용
- 유럽지역은 GALILEO, AMADEUS가 주로 이용
- 아시아지역은 ABACUS, FANTASIA, AXESS, TOPAS, INFNI 등이 주로 이용

- 국내에는 TOPAS, ABACUS,(ASIANA SABRE), WORLD SPAN, GALILEO를 사용하고 있다.

4 CRS 수입원과 기능

- CRS의 주요수입원은 BOOKING FEE(예약수수료)와 여행사보급용 단말기의 임대료이다.
- CRS의 주요기능은 다음과 같다.

① 정보조회기능
- 항공운항 스케줄, 좌석 잔여상태 등 다양한 정보제공 서비스

② 항공예약기능
- PNR(Passenger Name Record, 항공예약)작성, 관리, 기록수정, 삭제 등

③ 발권기능
- 운임조회, 항공권발권 등

 조사해보기

1. topas와 abacus(asiana sabre) 교육 홈페이지에 접속하여 보시오.
2. 회사소개와 프로그램소개를 찾아보시오.
3. 다양한 교육프로그램 정보를 찾아보시오.
4. CRS관련 자격증 정보를 찾아보시오.

학습정리

1. CRS의 기능에는 어떤 것들이 있나요?

2. 현재 우리나라 CRS 현황은?

3. 최초의 CRS는 어느 항공사의 무슨 프로그램인가요?

복습 퀴즈

1. AA가 개발한 최초의 CRS 이름은?
   ① SABONE　　　② SABRE
   ③ SAPOLO　　　④ SABUNA

2. AA가 사내 인트라넷인 CRS를 여행사에 보급하면서 자사의 정보만 판매하여 반독점법 위반으로 재판을 받게된 후 제정된 법규는 어떤 것인가?
   ① CRS의 중용성　　② CRS의 중립성
   ③ CRS의 차별성　　④ CRS의 독점성

3. 항공노선의 종류에 해당되지 않는 것은?
   ① NON STOP　　　② CODE SHARE
   ③ CONNECTION　　④ DIRECT

4. 다음 중 GDS가 아닌 것은?
   ① AMACEUS　　　② GALLIEO
   ③ APOLO　　　　④ ABACUS

5. 다음 중 국내에서 사용하고 있는 CRS에 해당하지 않는 것은?
   ① ABACUS　　　② TOPAS
   ③ WORLD SPAN　　④ ASIANA SABRE
   ⑤ AMADEUS

6. 다음 중 CRS의 주요 기능에 해당되지 않는 것은?
   ① 발권　　　　　② 예약
   ③ 운임조회　　　④ 기내면세품판매

[Memo]

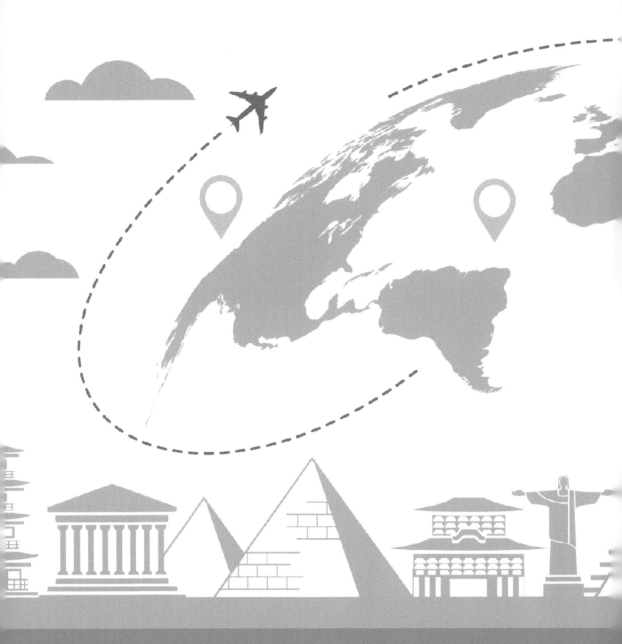

PART 05

CODE 1

개 요

이 장에서는 CRS언어인 CODE를 학습한다.

학습목표

· PNR을 통해서 CODE를 해석할 수 있다.
· CODE를 구분할 수 있다.

학습내용: 이론

· PNR 해석

· CODE 해석

학습내용: 실습

· CODE 구분하기

사전 퀴즈

1. 알고 있는 항공사의 코드를 적어보시오.

2. 알고 있는 공항 코드를 적어보시오.

3. 12개월 코드를 적어보시오.

1　예약번호

- PNR(Passenger Name Record)라고 부른다
- PNR NO, PNR Adress라고 부르기도 함
- 5자리 또는 6자리의 영문 + 숫자의 조합으로 표시된다(W7GOX, PQ9MDZ 등)
- 전화번호형태로 표시하기도 함(TOPAS의 경우 8221-0980)

2　Phonetic Alphabet

- ICAO에서 커뮤니케이션을 확실하게 하기 위해 만듦

ALPHA	A	BRAVO	B
CHARLIE	C	DELTA	D
ECHO	E	FATHER	F
GOLF	G	HOTEL	H
INDIA	I	JULIET	J
KILO	K	LIMA	L
MIKE (MIKEL)	M	NOVEMBER	N
OSCAR	O	PAPA	P
QUEBEC (QUEEN)	Q	ROMEO	R
SMILE	S	TANGO	T
UNIFORM	U	VICTORY	V
WHISKY	W	X-RAY	X
YANKEE	Y	ZULU	Z

조사해보기

1. 본인의 이름을 Phonetic Alphabet으로 읽어보시오.
2. 가장 좋아하는 단어를 하나 적고 Phonetic Alphabet으로 읽어보시오.
3. 다른 친구들이 읽는 Phonetic Alphabet을 듣고 적어보시오.

3 PNR의 구성요소

- 예약을 할 때 필요한 정보로 구성됨
  ① PHONE(PH) - 탑승객 전화번호
  ② ITINERARY(ITIN) - 항공 또는 비항공 여정
  ③ NAME(NM) - 탑승객 성명 및 Title

 조사해보기

1. 탑승객 성명뒤에 붙이는 Title의 종류를 찾아보시오.

CODE

(1) 2 Letter Code

① 국가코드

국가명	코드	국가명	코드
아르헨티나	AR	오스트레일리아	AU
오스트리아	AT	벨기에	BE
브라질	BR	캐나다	CA
칠레	CL	중국	CN
체코	CZ	덴마크	DK
이집트	EG	프랑스	FR
독일	DE	인도	IN
이탈리아	IT	대한민국	KR
말레이시아	MY	네덜란드	NL
필리핀	PH	일본	JP
러시아	RU	사우디아라비아	SA
싱가포르	SG	스페인	ES
스위스	CH	영국	GB
미국	US	베트남	VN

② 항공사 코드

항공사	코드	항공사	코드
AMERICAN AIRLINES	AA	KLM-ROYAL DUTCH A.L	KL
AIR CANADA	AC	LUFTHANSA GERMAN A.L	LH
AIR FRANCE	AF	MALAYSIA AIRLINES	MH
BRITISH AIRWAYS	BA	CONTINENTAL AIRLINES	CO
AIR NEW ZEALAND	NZ	CATHAY PACIFIC	CX
ASIANA AIRLINES	OZ	DELTA AIRLINES	DL
PHILIPPINE AIRLINES	PR	GARUDA INDONESIA	GA
QANTAS AIRWAYS	QF	AIR CHINA	CA
SINGAPORE AIRLINES	SQ	JAPAN AIRLINES	JL
THAI AIRWAYS INTL	TG	KOREAN AIR	KE

 조사해보기

1. 현재 운항중인 국내항공사의 코드를 적어보시오.

(2) 3 Letter Code

① 도시코드

도서명	코드	도서명	코드
ATLANTA	ATL	DALLAS FORT WORTH	DFW
LOS ANGELES	LAX	SAN FRANCISCO	SFO
NEW YORK	NYC	VANCOUVER	YVR
FRANKFURT	FRA	ZURICH	ZRH
LONDON	LON	PARIS	PAR
ROME	ROM	SYDNEY	SYD
AUCKLAND	AKL	BANGKOK	BKK
HONGKONG	HKG	SINGAPORE	SIN
TOKYO	TYO	SEOUL	SEL
BEIJING	BJS	SHANGHAI	SHA

② 복수공항코드

도서코드	공항코드	공항명
SEL	ICN	INCHEON INTERNATIONAL AIRPORT
	GMP	GIMPO AIRPORT
NYC	JFK	JOHN F KENNEDY AIRPORT
	EWR	NEWARK AIRPORT
	LGA	LA GUARDIA AIRPORT
PAR	CDG	CHARLES DE GAULLE AIRPORT
	ORY	ORLY AIRPORT
LON	LHR	HEATHROW AIRPORT
	LGW	GATWICK AIRPORT
OSA	ITM	ITAMI AIRPORT
	KIX	KANSAI INTL AIRPORT
TYO	NRT	NARITA AIRPORT
	HND	HANEDA AIRPORT
WAS	DCA	RONALD REAGAN NTL AIRPORT
	IAD	DULLES AIRPORT

③ 月 **코드**

월	코드	월	코드
1월	JAN	2월	FEB
3월	MAR	4월	APR
5월	MAY	6월	JUN
7월	JUL	8월	AUG
9월	SEP	10월	OCT
11월	NOV	12월	DEC

5 탑승객의 구분

- 탑승객은 나이에 따라 다음과 같이 구분한다.
- 나이는 탑승일기준이다

구분	나이구분	운임	비고
성인(ADT)	만 12세 이상~	100% 징수	
소아(CHD)	만 24개월 이상~ 만 12세 미만	ADT기준 65-75%징수	
유아(INF)	만 14일 ~ 만 24개월 미만	ADT기준 10%징수 (국내선의 경우 무료)	좌석점유하지 않음 1명의 ADT는 1명의 INF만 적용가능

 조사해보기

1. ADT 2명, CHD 1명, INF 2명이 함께 항공권을 구매한다면 몇 좌석을 구매해야 하며, 총 구매금액은 어떻게 되는지 계산해보시오(ADT 100만원. 총 75만원, INF 10만원).

💎 조사해보기

1. 인천국제공항 홈페이지의 자료를 보면서 취항항공사를 정리해보시오.

항공사명	국적	IATA	항공사명	국적	IATA	항공사명	국적	IATA

항공사명	국적	IATA	항공사명	국적	IATA	항공사명	국적	IATA

학습정리

1. PNR은 무엇의 약자인가요?

2. 14NOV20을 해석하시오.

3. 12개월 CODE?

4. ICAO Phonetic Alphabet이란 무엇인가요?

5. 비행기 탑승이 가능한 가장 어린 나이는?

복습 퀴즈

1. Phonetic Alphabet이 바르지 않게 연결된 것은?
   ① A- ALPHA   ② F-FOX
   ③ Z-ZULU   ④ M-MIKE ⑤ O-OSCAR

2. PNR의 3대 구성요소에 해당되지 않는 것은?
   ① PH NO   ② ITIN
   ③ NM   ④ OS

3, 다음 중 ADT에 대한 타이틀에 해당되지 않는 것은?
   ① MSTR   ② MRS
   ③ MS   ④ MR

4. 국내 항공사 코드가 바르게 연결된 것은?
   ① 에어로케이 - AK   ② 에어부산 -AB
   ③ 티웨이항공 -TW   ④ 에어프레미아 -AP
   ⑤ 제주항공 - JA

5. 다음중 연결이 바른 것은?
   ① 10월 - OCB   ② 8월 - AUT
   ③ HONGKONG - HON   ④ SAN FRANCISCO - SFC
   ⑤ FRANKFURT - FRA

6. 다음중 복수공항이 바르게 연결된 것은?
   ① WAS - DCA,ITM   ② NYC - EWR, LHR
   ③ PAR - CDG, ORY   ④ SEL - ICN, KMP

7. 다음 중 국가코드의 연결이 알맞은 것은?
   ① 스위스 - CZ   ② 중국 - CA
   ③ 대한민국 - KR   ④ 호주 - AT
   ⑤ 싱가포르 - SI

8. 다음 중 PAX와 직접적인 연관이 없는 것은?
   ① NTL   ② PNR
   ③ NM   ④ ADT

[Memo]

PART 06

CODE 2

개 요

이 장에서는 지도를 통해 도시의 위치를 파악하고 각 도시의 CODE를 학습한다.

학습목표

- 지도상에서 도시의 위치를 파악할 수 있다.
- 도시의 CODE를 구분할 수 있다.

학습내용: 이론

- 지도상 도시의 위치
- 도시 CODE

학습내용: 실습

- 도시 CODE 구분하기

사전 퀴즈

● 미국

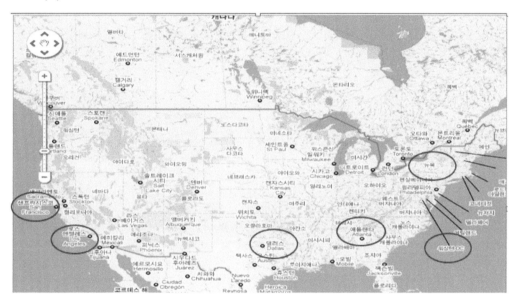

• 아시아

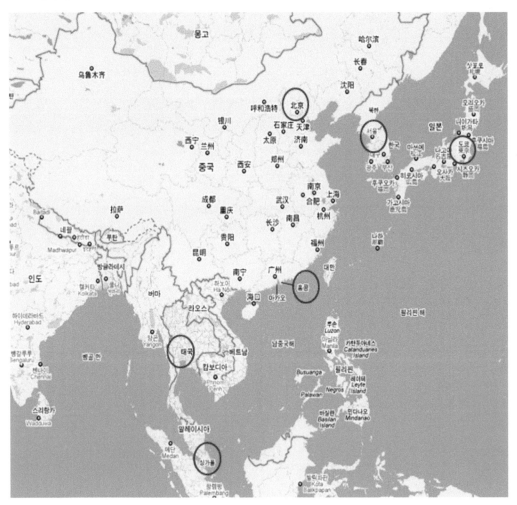

• 유럽

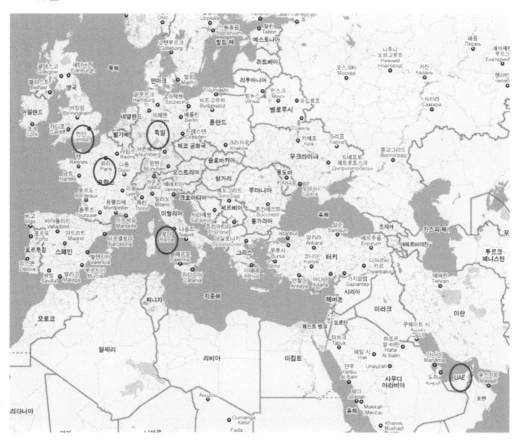

• 유럽 HUB 도시

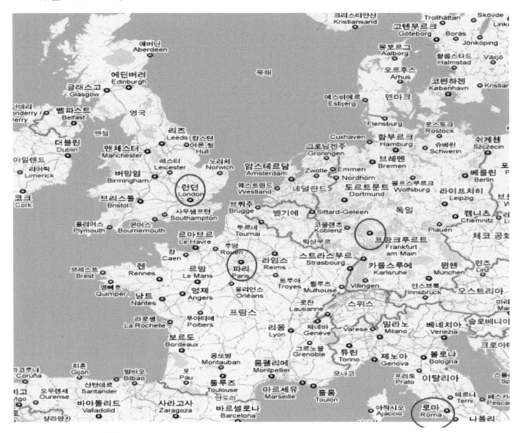

• 오세아니아

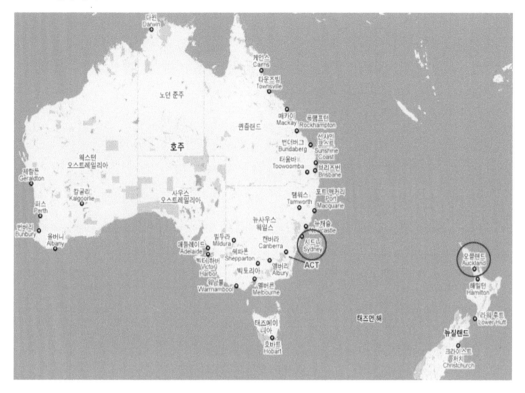

Ⅱ   Game으로 익히는 CODE

(1) 카드만들기

4인 1조로 카드를 만든다.

- code를 적은 카드 만들기(항공사, 도시, 복수공항)
- 月카드는 숫자로 표시 (예 1월)
- phonetic alphabet 카드는 alphabet만 표시 (예 A)
- 카드의 한쪽면은 비어있는 백지상태이어야 함

(2) Game 하기

- 만들어진 카드를 뒤집어 놓는다.
- 조원들이 돌아가면서 한 장을 선택해서 카드를 뒤집는다.
- 선택한 카드에 있는 내용을 확인하고 항공사, 도시, 복수공항 카드인 경우 full name를 말하고, 月 카드인 경우는 code를 말하고 그리고 alphbet 카드인 경우 ponetic alphabet을 말한다.
- 정답을 말한 경우는 다음 조원으로 진행한다.
- 오답을 말한 경우는 카드를 갖는다.
- 모든 카드를 뒤집은 후 조원별로 갖고 있는 오답코드를 공유하며 정답을 익힌다.

[Memo]

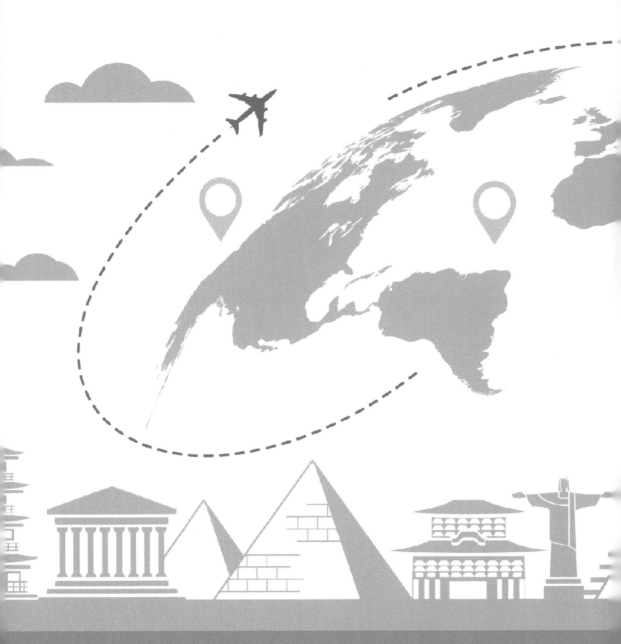

PART **07**

국제항공협력기구

개 요

이 장에서는 국제항공협력기구와 전략적 제휴에 대해 학습한다.

학습목표

- 국제항공협력기구에 대해 설명할 수 있다.
- 전략적 제휴에 대해 설명할 수 있다.

학습내용: 이론

- 국제항공협력기구
- 전략적 제휴

학습내용: 실습

- 전략적 제휴 홈페이지 정보 확인

사전 퀴즈

1. 항공권을 판매 할 수 있는 곳은 어디일까요? 모두 적어보시오.

2. 모든 여행사의 카운터 업무는 항공권 발권이다? (O, X)

3. 델타항공사를 이용해서 얻게되는 마일리지는 대한항공으로 적립할 수도 있다.
   (O, X)

I 국제항공협력기구

1 IATA(International Air Transport Association)

- 국제항공운송협회
- 1945년 쿠바 아바나에서 설립
- 전 세계 항공사들의 동업 조합체
- 전 세계 소비자의 이익을 위해 안전하고 신뢰할 수 있으며 안전하고 경제적인 항공 서비스를 촉진하기 위한 항공사 간 협력을 위한 수단이다.
- ICAO에 가입 자격있는 정기편 항공운송사를 대상으로 회원모집
- 2021년 12월기준 회원 항공사는 290개
    ① 운임결정기능(여객운임, 화물요율, 기내서비스 등)
    ② 항공운송대리점 정산 제도의 개발과 보급
    (BSP:Bank(Billing) Settlement plan 은행집중결재방식, 판매대금 정산제도)
    ③ 항공운송대리점 규정, 관리절차(협회가 임명한 여객 및 화물대리점만 이용)
    ④ 항공기술 분야에 대한 연구 및 개발
    ⑤ 항공법, 항공재무, 국제항공 운송에 대한 연구
    ⑥ 개발도상국에 대한 항공기술지원

 조사해보기

1. 항공운임(FARE)의 종류에 대하여 찾아보시오.

2 ICAO(International Civil Aviation Organization)

- 국제민간항공기구
- UN 전문기구
- 1947년 캐나다 몬트리올에서 발족
- 비행의 안전 확보, 항로나 공항 및 항공시설 발달의 촉진, 부당경쟁에 의한 경제적 손실의 방지 등 세계 항공업계의 정책과 질서를 총괄하는 것이 목적
- 안전하고 질서 있게 발전할 수 있도록 도모하며, 국제항공운송업무가 기회균등 주의를 기초로 하여 건전하고 경제적으로 운영되도록 하기 위해 설립됨
- ICAO의 주요 업무를 정리하면 다음과 같다.
  ① 전세계의 국제민간항공의 안전하고 정연한 발전 보장
  ② 평화적 목적을 위한 항공기 설계와 운송기술 장려
  ③ 항공로, 공항 및 항공시설 발전 촉진
  ④ 안전하고 정확하며 능률적이고 경제적인 항공운송에 대한 세계 각국 국민의 요구에 부응해 불합리한 경쟁으로 발생하는 경제적 낭비 방지
  ⑤ 체약국의 권리가 충분히 존중되도록 하고, 체약국이 모든 국제항공기업을 운영할 수 있는 공정한 기회 보장
  ⑥ 체약국간의 차별대우 금지
  ⑦ 비행의 안전 증진
  ⑧ 국제민간항공 모든 분야의 전반적 발전 촉진

Ⅱ Alliance

1 개념

- 항공사간 전략적 제휴
- 둘 또는 그 이상의 기업들이 자신이 보유한 핵심역량을 바탕으로 상호보완을 목적으로 각각의 역량을 결합하는 것이다.
- 항공사들이 시장에서 운항 및 마케팅 등 운송활동을 촉진할 목적으로 전략적 제휴를 맺는다.
- 고객입장에서는 마일리지 통합, 공동라운지 이용, 노선의 다양화 등의 혜택이 있다.

2 형태

(1) 마케팅 제휴

- 제휴 항공사는 각각 기업목표를 추구하면서 자산을 독립적으로 운영한다.
- FFP(Frequent Flyer Program, 상용고객우대제도)
- CODE SHARE
- BLOCK SPACE(좌석할당)
- 공동판매
- 승무원 공동 탑승
- 공동 수익배분
- 공공정비 등

(2) 전략적 제휴

- 제휴 항공사들이 공공의 목적을 설정하고 이를 달성하기 위해 각각의 자원을 공유하여 함께 운영한다.
- 공동브랜드 사용
- 여객, 화물 서비스 공동운영
- 합병 및 지분 참여

 조사해보기

1. 항공사의 Alliance Group를 조사해보시오.

학습정리

1. IATA의 FULL NAME를 적어보시오.

2. ICAO의 FULL NAME를 적어보시오.

3. BSP와 ATR의 차이를 적어보시오.

4. 개인 사기업 항공사들이 연합하여 거대 Alliance로 활동하는 이유가 무엇인가요?

1. 국제항공운송협회와 연관된 것은?

   ① IATA　　　　② ICAO

   ③ PSGR　　　　④ ITIN

2. 다음 중 국제항공운송협회와 관계없는 것은?

   ① 항공사의 이익을 옹호한다.

   ② 항공산업에 글로벌 상업표준화를 개발한다.

   ③ 전문적인 지원을 통해 항공산업에 봉사한다.

   ④ 항공로, 공항 및 항공시설 발전을 촉진한다.

3. 여행사와 항공사간 판매보고와 관리, 발권 정산 등을 효율적으로 집행

   하기 위해 IATA에서 시행하는 정산제도는?

   ① BSP　　　　② FFP

   ③ CODE SHARE　　④ ATR

   ⑤ BLOCK SPACE

4. 항공사의 Alliance Group에 해당하지 않는 것은?

   ① STAR ALLIANCE　② SKYTEAM

   ③ ONEWORLD　　④ SKYPASS

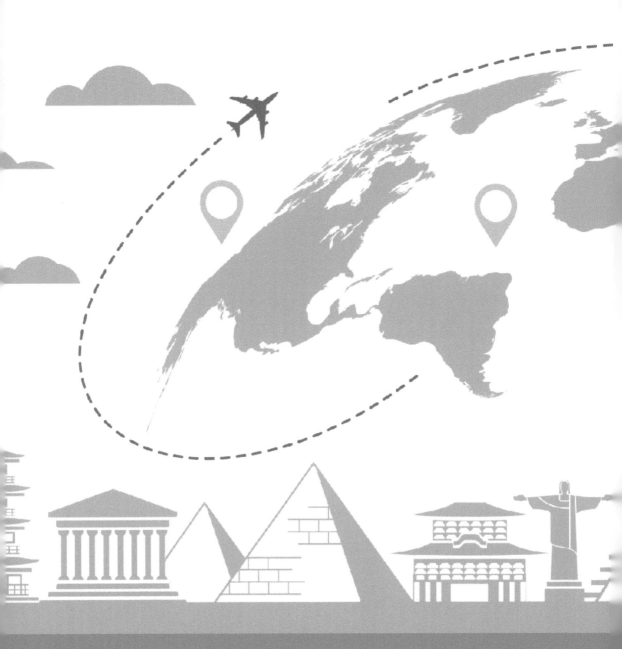

PART 08

공항

개 요

이 장에서는 공항의 정의와 공항에 어떤 시설들이 있는지를 학습한다.

학습목표

• 공항의 시설을 파악할 수 있다.
• 인천국제공항의 시설을 파악할 수 있다.

학습내용: 이론

• 공항의 시설
• 인천국제공항

학습내용: 실습

• 공항의 self/ smart 서비스

사전 퀴즈

1. 공항에는 어떤 시설들이 있을까요?

2. 국내공항과 국제공항의 차이점은 무엇일까요?

3. 전세계 모든 공항의 출국장은 1층에 있다? (O, X)

4. 인천국제공항의 주인은 누구일까요?

I 공항

- 육상비행장 가운데 민간항공용으로 여객이나 화물의 항공운송에 필요한 시설과 기능을 갖추고, 현재 사용중인 민간항공 운송용 항공기가 최소한 계기비행으로 이착륙이 가능한 비행장을 말한다.
- 국제공항은 출입국관리의 3대 업무(CIQ)를 위한 시설과 기능이 추가되어야 한다.
- C : CUSTOMS   세관검사
- I : IMMIGRATION   출입국관리
- Q : QUARANTINE   검역

1 공항의 시설

- 이착륙을 위한 공항시설 - 활주로, 유도로, 주기장
- 항공보안시설 - 관제업무
- 공항청사 - 항공사시설, 정부기관시설, 승객편의식설, 부대시설 등

(1) 입국장은 1층, 출국장은 3층

- 출국장과 입국장을 따로 구분
- 1층은 입국장, 3층은 출국장
- 2층은 항공사 사무실

조사해보기

1. 인천국제공항 홈페이지에 접속하여 공항에 대한 정보를 찾아보시오.
   (시설정보, 탑승시설과 방법, 편의시설, 환승시설 등)

(2) SELF / SMART SERVICE

① Self Check - in 자동탑승권 발급
- 출발 1시간 전까지 이용 가능
- code share, 만 12세미만 유아 동반 고객은 이용 제한

② Self Bag Drop 자동수하물 위탁 서비스
- 출발 1시간 전까지 이용 가능
- 이용제한 승객 확인 필요

③ 자동출입국 심사
- 전자여권을 소지한 19세이상 국민이면 사전등록없이 이용가능
- 12초 소요
- 유아동반승객은 이용불가

④ 안내로봇(에어스타), 청소로봇
- 자율주행, 음성인식, 인공지능
- 한국어, 영어, 일본어, 중국어 서비스 가능
- 탑승권 바코드입력으로 게이트까지 안내

(3) 편의시설

- 통신 / 인터넷존
- 라운지 / 호텔 / 휴식 / 샤워 / 케어 / 마사지
- 의료 / 유아
- 스낵 / 카페 / 디저트
- 안내데스크 / 환승투어

 조사해보기

1. 인천국제공항 관련 최근 뉴스를 찾아보시오.
2. 인천국제공항이 갖고 있는 기록을 찾아보시오.

1. 인천국제공항에서 제공하는 self / smart 서비스는 어떤 것이 있나요?

복습 퀴즈

1. 국내공항과 국제공항을 구분하는 기준에 해당하는 것은?
   ① 위치　　　　　　　② 직원수
   ③ 출입국관리 시설　　④ 이용 항공사 수

2. 다음중 인천공항에 없는 것은?
   ① SELF BAG DROP　② SELF CHECK IN
   ③ 자동출입국 심사　　④ SELF DUTYFREE SERVICE
   ⑤ 환승투어

3. 전세계 모든 공항의 입국장은 1층에 있다.
   ① O　② X

4. 인천공항은 국영운영이다.
   ① O　② X

5. 다음 중 공항 시설에 해당하지 않는 것은?
   ① 항공사시설　　　　② 항공보안시설
   ③ 활주로　　　　　　④ 주기장
   ⑤ 공항철도

[Memo]

PART 09

출입국절차(C.I.Q) 1

개 요

이 장에서는 공항에서의 출입국절차 즉 C. I. Q.의 개념에 대해 학습하고 출입국관련 항공용어에 대해서도 학습한다.

학습목표

- 출입국절차의 의미를 파악할 수 있다.
- 출입국관련 항공용어를 설명할 수 있다.

학습내용: 이론

- C. I. Q.
- 출입국관련 항공용어

학습내용: 실습

- 항공용어 실습

사전 퀴즈

1. 면세품 반입 한도는 얼마나 될까요?

2. 도착지에서 위탁했던 수하물을 찾지 못했을 경우 어디로 가서 도움을 요청해야 할까요?

3. 비행기 내에는 어떤 좌석들이 있을까요? (예. 창가측 좌석)

4. C.I.Q를 거치지 않고 외국으로 나갈 수 있나요?

I C. I. Q의 정의

- 항공이나 배를 이용하여 공항 또는 항만으로 출입국할 때 반드시 거쳐야하는 3대 수속
- CUSTOMS 세관검사
- IMMIGRATION 출입국관리
- QUARANTINE 검역

1 세관검사(CUSTOMS)

- 세관 공무원이 세관 검열을 하여 면세 통관 기준을 넘어가면 관세를 부과하는 과정
- 세관 검사는 자진 신고
- 휴대물품 반출신고서
- 여행자 휴대품 면세한도는 US$ 600. 초과분에 대해서는 세관신고 후 세금납부
- 술 1L 이하 한병, 400달러 미만 주류 허용
- 담배 1보루(200개비) 허용
- 향수 60ml 허용
- 미신고 수하물에서 추가확인이 필요한 경우 씰을 붙여 표기함
  - 빨간색 씰(안보위해 물품, 도검이나 마약류 등)
  - 노란색 씰(불법의약품, 과세물품, 담배나 술 등)
  - 녹색 씰(식물검역물품, 채소나 과일 등)
  - 주황색 씰(동물검역물품, 고기나 소시지 등)
- 부착된 씰은 개인이 임의로 제거 할 수 없다.

조사해보기

1. 인천국제공항 홈페이지에서 수하물 면세규정을 찾아보시오.

2 출입국 관리(IMMIGRATION)

- 출입국관리 공무원이 여행자의 신분과 여행 목적, 비자 등을 확인하고 출입국을 허가, 제한하는 과정
- 자동출입국 심사대 운영(2008년 6월)
- 자동출입국 심사를 이용하는 경우 여권에 도장을 찍지 않음
- 19세이상 국민이면 사전등록없이 이용가능(유아동반승객은 이용 불가)

3 검역(QUARANTINE)

- 자국 내 생태계를 위협하는 해충이나 미생물, 전염병 등을 차단하기 위한 과정
- 주로 입국할 때 시행하며 크게 식물검역과 동물검역으로 나뉜다.
- 곡류부터 채소, 과일 등을 가져온 여행자라면 반드시 신고 후에 검역
- 햄, 장조림, 야채, 과일 등의 반입 금지된 국가도 있으니 확인 필수
- 검역 후 적발된 물품들은 전량 회수 후 소각처리
- 가축전염병 발생 국가 방문 한 축산관계자나 외국의 가축 농장을 방문한 입국자는 농림축산 검역본부에 신고 후 전신소독을 필히 거쳐야 한다.

II C. I. Q. 관련 항공용어

1 APIS

- Advance Passenger Information System. 사전 승객정보 시스템
- 항공사에서 목적지 국가로 탑승자 정보를 전송
- 국경안전강화 목적으로 시행. 2017년 70개국에서 활용 중
- 사전에 승객과 승무원의 정보를 도착지 국가의 출입국관리당국에 전송하여 출입국심사시간을 단축하고 출입국규제자를 미리 확인하기 위함

2 Ticket vs Bording pass

- ticket (항공권)
- e-ticket (전자항공권)
- bording pass (탑승권)

3 Baggage

- Hand carry baggage (휴대수하물)
- Checked baggage (위탁수하물)
- Baggage claim tag (수하물표)
- Baggage claim or Lost and Found (수하물 분실 신고소)
- 수하물이 분실되었을 때는 탑승권, 여권, 수하물표를 제시해야 함

4 Seat Map

- Window seat
- Aisle seat
- Bulkhead seat
- Emergency Exit seat

 조사해보기

1. 항공사의 SEAT MAP을 찾아보고 좌석의 종류를 확인해보시오

학습정리

* 다음을 설명하시오.

1. C. I. Q

2. APIS

3. 기내 SEAT 종류

4. Baggage claim tag

복습 퀴즈

1. 항공이나 배를 이용하여 공항 또는 항만으로 출입국 할 때 반드시 거쳐야 하는 수속이 아닌 것은?
   ① CUSTOMS   ② IMMIGRATION
   ③ QUARANTINE   ④ APIS

2. 다음 중 우리나라의 면세통관 규정에 해당되지 않는 것은?
   ① $600이하   ② 술1리터 이하 한 병
   ③ 담배 1보루   ④ 향수 600ml

3. 세관통과시 내용 확인을 위해 부착하는 씰에 대하여 맞지 않는 것은?
   ① 빨간씰-안보위해 물품   ② 노란씰-과세물품
   ③ 녹색씰-식물검역물품   ④ 파란씰-동물검역물품

4. 다음중 검역에 대한 설명으로 알맞지 않은 것은?
   ① 검역은 출국시에 체크한다.
   ② 자국내 생태계를 보호하기 위한 것이다.
   ③ 곡류, 채소, 과일 등을 갖고 있는 여행객이라면 반드시 신고 후 검역해야 한다.
   ④ 검역기준에 맞지 않는 상품은 전량 소각처리한다.

5. 다음중 좌석의 종류에 해당하지 않는 것은?
   ① WINDOW SEAT   ② AISLE SEAT
   ③ BULKHEAD SEAT   ④ OVERHEAD BIN SEAT

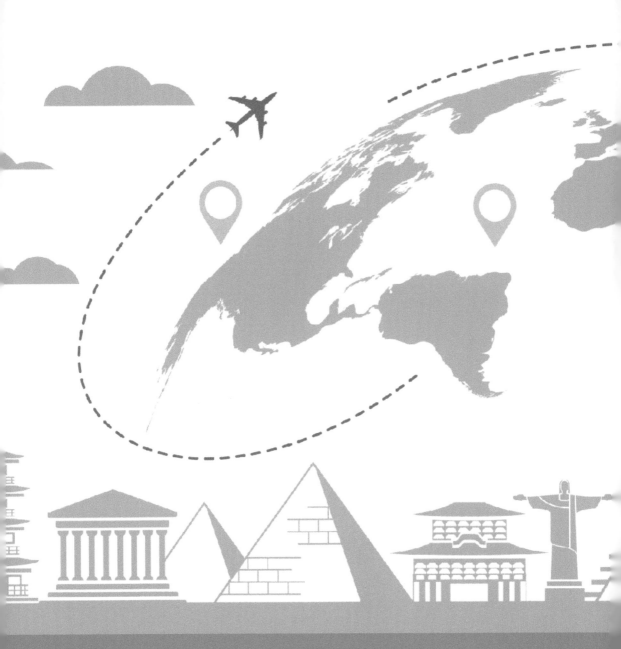

PART **10**

출입국절차(C.I.Q) 2

개 요

이 장에서는 공항에서의 출입국절차에 대해 학습하고 출입국관련 항공용어에
대해서도 학습한다.

학습목표

• 출입국의 절차를 파악할 수 있다.
• 출입국관련 항공용어를 설명할 수 있다.

학습내용: 이론

• 출입국의 절차
• 출입국관련 항공용어

학습내용: 실습

• 항공용어 실습

사전 퀴즈

1. 같이 여행가는 친구가 서울역에서 체크인을 할 수 있다는 데 사실일까요?

2. (인천공항 1청사) 면세점에서 물건을 산 후 셔틀트레인을 타고 탑승동으로 가서 출국 대기 중에 면세점에서 여권을 안받아온 것을 알았다. 어떻게 해야 하나요?

I 출국절차

1 터미널 도착

- 출국은 3층

2 탑승수속 및 수하물 위탁

- self check in 이용
- self bag drop 이용
- 고가의 물품은 '휴대물품 반출신고서' 작성
- 국내선 항공기는 출발 30분전, 국제선은 항공기 출발 1시간 전에 탑승 수속이 마감

3 세관신고

- 동물, 식물검역
- 국민거주자의 경우 미화 1만불 초과하는 일반 해외여행경비는 휴대반출시 관 외환 신고대에 신고해야 함

4 출국장 이동

- 출국장 진입 전 환전, 출금, 로밍, 보험 등 필요한 용무를 처리

5 보안검색

- 항공기에 탑승하기 전 모든 승객은 반드시 보안검색을 받아야 한다.
- 보안 검색 받기 전에 신고대상 물품이 있으면 세관에 미리 신고 한다.
- 제1여객터미널은 문형탐지기를 통과하고 검색요원이 검색하며, 제2여객터미널은 원형검색기를 통과하고 검색요원이 검색한다.

6 출국심사

- 만 19세 이상은 사전 등록절차 없이 자동출입국심사대 이용 가능(단, 개명 등 인적사항 변경 및 주민등록증 발급 후 30년이 경과된 국민은 사전등록 후 이용)
- 만 7세 ~ 만 18세 이하는 사전등록 후 자동출입국심사대 이용 가능
- 만 7세 이상 ~ 만 14세 미만은 부모 동반 및 가족관계 확인서류 제출이 필요
- 보안 검색 및 출국심사를 마치고 면세지역으로 진입하면 일반지역으로 되돌아갈 수 없다.

7 탑승구이동

- 인천공항 제1여객터미널의 경우 101~132번 게이트는 셔틀트레인(24시간 운행)을 타고 탑승동으로 이동하고, 셔틀트레인은 한번 이동하면 다시 돌아올 수 없다.

8 탑승

- 이륙30-40분 전까지 탑승구로 이동하여 탑승한다.
- 탑승순서 : stretcher승객 - 불편승객(노약자, 유아, 소아 동반승객 포함) - VIP/CIP - First/Business class 승객 - Economy class 승객

 조사해보기

1. 인천공항에서 출발하는 항공편을 이용하는 경우 이용자에게 징수하는 것에 대해 찾아보시오.

Ⅱ 입국절차

1 공항도착

- 하기순서 : 즉각적인 치료를 요하는 승객 - VIP/CIP - First class 승객 - Business class 승객 - UM(Unaccompanied Minor) - Economy class 승객 - 제한승객 - stretcher승객

2 신고서 작성

- 기내작성문서
  - 검역질문서
  - 여행자 휴대품 신고서 : 신고물품이 없는 경우에도 반드시 작성한다(선택이 아닌 필수). 가족의 경우 1명만 작성
- 세관신고 항목
  - $600 면세범위 초과 물품
  - $10,000 초과하는 외화
  - 총기, 도검류
  - 동, 식물 육가공 식품 및 수산물
- 세관은 여행자 편의를 위해 선별검사를 실시함
- 체류국가에 따라 X-ray검사를 생략 할 수 있음

3   탑승구 이동

4   입국심사

5   수하물 수취

- 색이 있는 씰이 수하물에 붙어있는 경우 세관직원의 안내에 따른다.
- 수하물이 도착하지 않았을 경우에는 Baggage claim이나 Lost and Found(수하물 분실 신고소)에 찾아가서 신고한다.
- 신고시 Baggage claim tag(수하물표), Passport(여권), Boarding Pass(탑승권) 지참 필수
- 수하물 파손은 항공사의 책임
- 각 항공사의 자체 배상약관에 따라 보상을 받을 수 있으므로 경우에 따라서는 배상이 어려울 수도 있음
- 이미 공항을 떠나 직접 접수가 어려운 경우에도 해당 항공사에 직접 연락을 하여 접수 및 조치방법을 문의함

6   입국장

- 입국장은 1층

Ⅲ   C. I. Q. 관련 항공용어

1   직항편

- NON-STOP
  - 예: KE 017편   ICN - LAX
- DIRECT
  - 예: KE 017편   ICN - NRT - LAX

2   연결편

- CONNECTION
  - 예: KE 017편   ICN - NRT, AA 001편   NRT - LAX
- MCT
  - Minimum Connecting Time 갈아타는데 걸리는 최소한의 시간 / 최소환승시간
- STOP OVER
  - 경유지에서 하루 이상 일정 규정 시간 이내(보통은 72시간)에 체류하는 것
  - 추가요금 확인
  - 경유지를 추가로 여행할 수 있으나 요금별 stop over 가능여부를 확인

항공요금 규정		✕
항공사	케세이퍼시픽	
운임조건	성인 /1인 기준	
요금확정여부	확정요금	
유효기간	~ 최대 3개월	
카드사용여부	사용가능	
오픈가능여부	불가	
중간기착지체류	체류가능	
소아요금	성인요금의 75%	
최소체류기간	제한없음	
요금적용 최소인원수	1명이상	
요금적용 최대인원수	9명	
환불규정 (접수방법:예약시 환불규정참고) 여행사수수료 3만원(1인당)	출발전: 항공사수수료 KRW70,000 + 여행사수수료 별도 출발후 : 환불불가능	
기타항목	-경유지체류조건 HONGKONG에서 1회 무료 KRW100,000 수수료 징수 후 추가 1회 체류 가능(단, 경유지 체류여부는 결제전에 지정 해야 함, 소아할인 적용불가) -유효기간 3개월 -출발기간 2013년8월24일 ~ 2013년9월12일	

- Transit vs Transfer
  - Transit : 같은 항공편끼리 이용

    청소나 급유 등의 이유로 잠시 내렸다가 탑승하는 것

    탑승구 대기실에서 1-2시간 남짓 기다렸다 재입장

  - Transfer : 경유지에서 다른 항공편으로 갈아타는 것

    대기 시간은 항공편에 따라 달라진다.

    대기 시간이 길 경우에 공항에 있는 부대시설(샤워장, 환승호텔 등)을 이용하거나

    시내 관광을 다녀올 수 도 있다.

- Baggage Through Check In
  - 연결편의 경우 별도로 수하물을 찾지 않도록, 출발 비행기에서 도착 비행기로 수

    하물을 운송해 주는 서비스

학습정리

* 다음을 설명하시오.

1. 입국시 기내 작성 서류에는 어떤 것이 있나요?

2. 세관신고 항목에는 어떤 것이 있나요?

3. Non-stop편과 Direct편의 차이는 무엇인가요?

4. MCT를 설명하시오.

5. STOP OVER를 설명하시오.

6. Transit과 Transfer의 차이는 무엇인가요?

복습 퀴즈

1. 인천공항 1청사의 셔틀트레인은 on-way(일방통행)이다.
   ① O   ② X

2. 인천공항에서 출발하는 항공편을 이용하는 경우 징수하는 것에 해당하지 않는 것은?
   ① 국제질병퇴치기금   ② 출국납부금
   ③ 국내여객공항이용료   ④ 국제여객공항이용료
   ⑤ 국제난민보호기금

3. 국제선 탑승수속마감은?
   ① 출발 30분전   ② 출발 50분전
   ③ 출발 60분전   ④ 출발 90분전

4. 만 6세 아동은 사전등록 후에 부모 동반시 자동출입국 심사대를 이용할 수 있다.
   ① O   ② X

5. 기내에서 나눠주는 세관신고서는 신고할 물품이 있는 경우만 작성하면 된다.
   ① O   ② X

6. 경유지에서 체류하는 것에 해당하는 용어는?
   ① MCT   ② TRASFER
   ③ STOP OVER   ④ BAGGAGE THROUGH CHECK IN

[Memo]

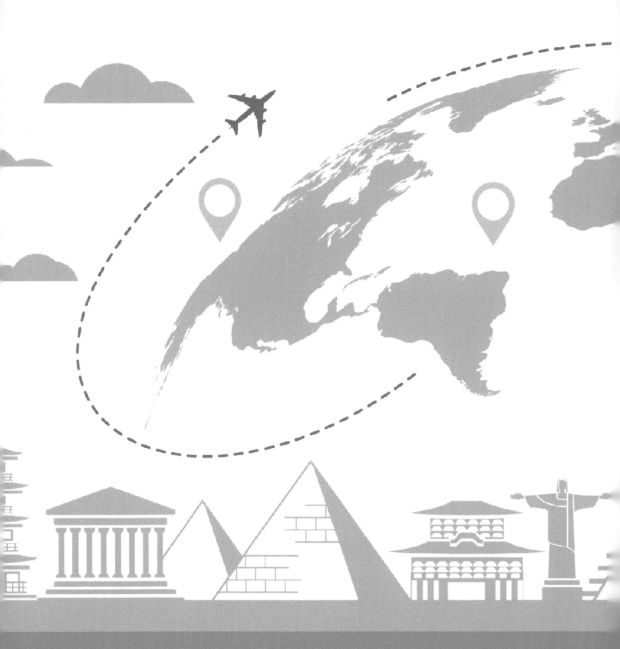

PART 11

수하물

개 요

이 장에서는 수하물에 대해 학습하고 특수 수하물에 대해서도 학습한다.

학습목표

- 수하물 규정을 설명할 수 있다.
- 특수 수하물에 대해 설명할 수 있다.

학습내용: 이론

- 위탁수하물과 휴대수하물 규정
- 특수 수하물

학습내용: 실습

- 수하물 관련 용어

사전 퀴즈

1. 3.4kg 고양이를 데리고 외국으로 여행을 가려고 한다. 고양이는 어떤 방법으로 항공기에 탑승시킬 수 있을까요?

2. PET 운송비용은 얼마나 할까요?(동남아시아 편도기준)

3. 흡연자가 라이터를 주머니에 넣고 기내에 탑승할 수 있을까요? 라이터를 몇 개나 갖고 탑승 할 수 있을까요?

4. 공항 면세점에서 기내용 가방에 들어가지 못할 크기의 물건을 구매했다. 기내용가방과 큰 쇼핑백을 들고 기내에 탑승이 가능한가요?

5. 공항 체크인 카운터에서 라이터는 가방에서 꺼내어 들고 타라고 한다. 왜 위탁수하물에 라이터를 넣으면 안될까요?

I 수하물

1 수하물의 종류

- 위탁수하물 (checked baggage)
  - 항공사가 수하물표를 발행하여 항공사 책임으로 수송하는 수하물

- 휴대수하물 (hand carry baggage / unchecked baggage)
  - 항공사에 위탁하지 않고 승객 자신이 휴대하는 수하물

2 무료수하물 허용량(free baggage allowance)

- 항공사마다 노선마다 상이할 수 있으니 확인 필요
- 수하물 규정은 Weight System(수하물의 무게)과 Picec System(수하물의 무게와 개수)으로 나뉜다.

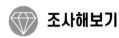 조사해보기

1. 국내 LCC의 위탁수하물 규정을 찾아 요금별로 정리해보시오.

3   휴대수하물로 반입 금지 품목

- 과도 등 도검류, 맥가이버칼도 금지
- 액체, 분무, 겔 형태의 용품은 100ml 개별용기에 담아 1인당 1L 투명 비닐지퍼백 1개에 한해서만 반입 그 이상은 금지

4   위탁수하물로 반입 금지 품목

- 라이터
- 보조 배터리
- 전자담배

II 특수 수하물

1 PET

- 생후 8주 이상의 개, 새, 고양이는 기내에 동반 가능하다(Pet in Cabin).
- Pet in Cabin의 경우 선착순이므로 사전 확인 필요. 팁승 가능 여부 확인 필요
- 반려동물이 일어서고, 눕고, 움직이는데 불편함이 없는 견고한 cage속에 넣어 수송
- 검역증명서 발급 필수
- 2장의 서약서 작성
- Bulk에 적재할 경우 생후 16주 이상, 환기 가능여부를 확인 한다.
- 기내에서 반려동물을 cage 밖으로 꺼내는 것은 엄격히 금지되며, 운송 용기를 좌석 위 또는 무릎 위 등 다른 장소에 올려놓는 것도 금지된다.
- 맹견 및 단두종의 경우에는 항공운송이 불가능한 경우도 있다.
- 불안정하고 공격적인 동물, 악취가 심하거나 건강하지 않은 동물, 수태한 암컷은 운송 할 수 없다.
- CABIN(객실)내에는 1마리 BULK(화물칸)에는 2마리까지 운송가능
- Emotional Support Animal(심리적 안전을 도와주는 동물) - cage에 넣지 않는다.

 조사해보기

1. 대한항공의 반려동물 운송규정과 운임을 찾아보시오.

2 SED

- Seeing Eye Dog 맹인안내견
- cage에 넣지 않는다.
- 시각장애인과 함께 탑승시 요금이 적용되지 않는다.

3 대형 악기나 스포츠 장비류

- 첼로 등 파손되기 쉬운 고가의 대형악기류를 기내 수하물로 휴대하고 별도의 좌석을 추가로 구매해야 한다.
- 대형 악기류는 75kg을 초과할 수 없다.
- 골프클럽은 낱개의 골프채라도 항공안전 및 보안에 관한 법률에 의거, 기내 반입이 금지되어 있으므로 반드시 위탁수하물로 처리
- 1개의 스케이트보드는 1개의 위탁수하물로 간주
- 자전거의 경우 바퀴나 프레임, 핸들 등이 휠 수 있으므로, 반드시 페달을 분리하고 핸들을 고정후 완충제가 내장된 하드케이스에 포장하여 위탁수하물로 처리
- 엔진이 장착된 동력 자전거나 스쿠터, 오토바이, 제트스키 등은 화재나 폭발 가능성이 있어 수하물로 운송이 불가
- 공기가 들어있는 공류는 공기를 반드시 제거해야 함

 조사해보기

1. 대한항공의 위탁수하물, 기내수하물 금지품목을 찾아 정리해보시오.

2. 국제선 객실내 액체류 반입 기준을 찾아보시오.

학습정리

* 다음을 설명하시오.

1. 수하물의 2가지 종류는?

2. 위탁수하물로 금지된 물품에는 어떤 것이 있을까요?

3. pet in cabin이란 무엇인가요?

4. 수하물 규정의 2가지 기준은?

5. free baggage allowance는 무엇인가요?

복습 퀴즈

1. 여행지에서 사용하려고 가위를 챙겼다. 어느 가방에 넣어야 하나?
   ① 기내용 가방　　　　　　　② 위탁용 가방
   ③ 어느 가방이든 상관없다.　④ 해외로 수송 불가능하다.

2. 다음 중 위탁수하물 수송 금지 품목에 해당되지 않는 것은?
   ① 전자담배　　　　　　　　② 라이터
   ③ 휴대용 배터리　　　　　　④ 면도기

3. 다음중 위탁수하물로 화물수송이 불가능한 품목은?
   ① 골프백　　　　　　　　　② 스노우보드장비
   ③ 스케이트보드　　　　　　④ 자전거
   ⑤ 첼로(악기)

4. 기내에 탑승하는 모든 동물은 케이지에 수송해야 한다.
   ① O　　　　　　　　　　　② X

5. 다음 중 Pet 수송에 관한 설명중 틀린 것은?
   ① 1인당 기내에는 1마리, 화물에는 2마리까지 수송이 가능하다.
   ② 단두종의 경우는 화물수송(bulk)에 제약이 있다.
   ③ 모든 나라의 pet 수송이 가능하지만 그 규정은 나라마다 다르다.
   ④ Pet in cabin은 기내에 수송가능한 서비스를 말한다.
   ⑤ 전용 운송용기(케이지)를 좌석 위 또는 무릎 위 등 다른 장소에 올려놓는 것은 금지된다.
   ⑥ 반려동물과 운송용기 포함 무게가 7kg 이하이면 기내 반입이 가능하다.
   ⑦ 반려동물 수송을 위해서는 서약서를 작성해야 한다.

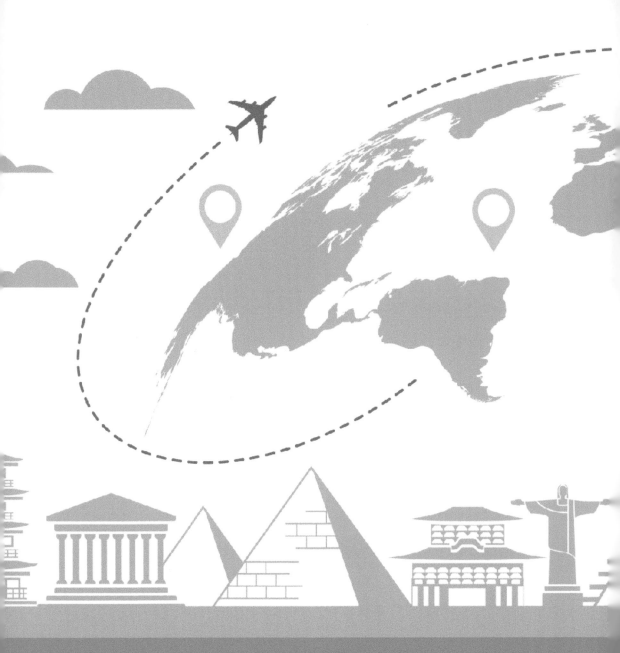

PART 12

운송제한승객
비정상운항시 승객처리

개 요

이 장에서는 운송제한 승객에 대해 학습하고 비정상적으로 운항시 승객에 대한 처리에 대해서도 학습한다.

학습목표

• 운송제한 승객에 대해 설명할 수 있다.
• 비정상적으로 운항시 승객에 대한 처리 규정에 대해 설명할 수 있다.

학습내용: 이론

• 운송제한 승객
• 비정상적 운항시 승객처리

학습내용: 실습

• 비정상처리 상황

사전 퀴즈

---

1. 초등학교 5학년 조카가 혼자서 미국으로 어학연수를 간다면 합니다. 항공기에 탑승이 가능할까요?

① 보호자 동반없이 탑승은 거부된다.

② 탑승이 가능하다.

③ 공항픽업자에 대한 정보를 반드시 입력해야 탑승이 가능하다.

④ 별도의 수수료를 지불하면 별도의 조건 없이 탑승이 가능하다.

---

2. 임신부가 항공기를 이용하려고 한다. 임신 주차에 따른 제약이 있을까요? 어떤 식의 제약이 있을까요?

① 임신부는 주차에 상관없이 탑승을 거부당한다.

② 의사의 소견서가 있다면 임신 주차에 상관없이 탑승할 수 있다.

③ 임신 37주 이상의 임신부는 보호자 없이 탑승하지 못한다.

④ 임신 36주의 임신부는 의사의 소견서가 있다면 탑승할 수 있다.

---

3. 제주도에 출장을 가기 위해 항공기에 탑승하였다. 그런데 활주로에서 '출발대기 신호 기다리는 중'이라는 기장의 안내만 있고 1시간 30분이나 늦게 출발하였다.

출장일정도 예정대로 진행되지 못했다.

과연 이에 대한 보상을 받을 수 있을까요?

① 항공사로부터 보상받을 수 있다.

② 공항으로부터 보상받을 수 있다.

③ 보상받을 수 없다.

I 운송제한 승객(RPA : Restricted Passenger Advice)

- 다음과 같은 특정 승객은 운송을 제한 또는 거절할 수 있다.
  - 안전운항을 위해 불가피한 경우
  - 법령이나 정부기관의 요구가 있을 경우
  - 제3자의 도움없이 단독 여행이 어려울 경우
  - 다른 승객의 여행에 지장을 줄 우려가 있는 경우

1 INVALID(탑승 거부)

- 육체적 질환 환자(전염병 환자 또는 대수술 후 10일 또는 15일 미만의 환자 등)
- 정신적 질환 환자(자살위험이 있는)
- 신체부자유 혹은 허약자
- 생후 2주 미만의 신생아 (국내선은 생후 7일 이내)
- 타승객에게 악영향을 미칠 우려가 있는 중독환자(알코올 중독자, 마약중독자 등)

 조사해보기

1. 항공사에서 탑승을 거부한 사례를 찾아보시오.

2 Stretcher

- 스스로 앉아서 항공여행을 할 수 없는 환자
- 구급차로 출입국 심사를 마치고 기내로 바로 탑승
- 가장 먼저 탑승하고 가장 늦게 하기한다.
- 일반석 기준 2좌석씩 3열(6좌석) 필요

3 임신부

- 32주 이상 임신부는 탑승에 제약이 있다.
- 산소량 부족과 기압의 저하는 임산부에게 악영향을 줄 수 있다.
- 출발 72시간 이내 발급된 산부인과 의사의 소견서 및 보호자의 서약서 제출
- 37주 이상은 탑승 거부(다태 임신 시 33주 이상은 거부)

 조사해보기

1, 항공기 내에서 출산한 경우를 찾아보시오.

4 UM(Unaccompanied Minor, 비동반소아)

- 만 3개월 이상 만 12세 미만(항공사마다 기준 상이) 유아나 소아가 성인 승객과 동반하지 않고 여행하는 경우
- 항공사마다 UM의 나이기준이 상이할 수 있음
- 성인요금의 100% 징수
- 추가요금 발생가능
- 직항편만 이용 가능
- 사전 예약 필수(최소 예약일은 항공사마다 상이), 운송신청서 및 보호자 서약서 제출
- 부모나 보호자가 출발지 및 도착지 공항까지 동반해야 함

할인운임(DISCOUNT FARE)			
ADT	만 12세 이상	100%	
CHD(소아)	만 24개월 이상 ~ 만 12세 미만	67-75%	
INF(유아)	만 14일 이상 ~ 만 24개월 미만	10%	좌석 점유 X

* 국내선의 INF는 만 7일 이상부터 가능, 무료 *

 조사해보기

1. 대한항공의 UM 규정과 운임을 찾아보시오.

5 맹인(Blind Passenger)

- 성인 동반자가 있을 경우 정상 승객으로 간주
- SED(맹인 안내견)동반의 경우 소정의 기준에 따라 일반 승객으로 간주
- 보호자 및 인도견을 동반하지 않은 경우 보호자 서약서와 일정 수준 이상의 시력 및 자기보호능력을 인정받아야 탑승 가능

Ⅱ 비정상운항시 승객처리

1 지연, 결항, 회항

- 항공사의 문제로 발생하는 경우만 보상
- 지연은 2시간 이상을 의미(국내선은 1시간 이상)
- 보상금액은 항공편 운항 거리에 따라 상이
- 대체 항공편이나 다른 스케줄 제공시에는 보상금액이 달라진다.
- 배상 기준이 있지만 항공기점검, 기상상태, 안전운항을 위한 예견하지 못한 조치 등을 증명할 경우 항공사에 면죄부가 성립된다.

 조사해보기

1. 항공기는 어떤 이유로 지연될까요?

2. 대한항공의 지연, 결항 규정을 찾아보시오.

학습정리

* 다음을 설명하시오.

1. 임신부의 항공기 탑승 규정에 대하여 설명하시오.

2. UM의 기준과 항공기 탑승 규정에 대해 설명하시오.

3. 항공기 지연의 기준에 대해 설명하시오.

ICN-HKG(OZ)

HKG-CDG(AF)

4. OZ항공사의 지연으로 갈아타야하는 AF항공기를 놓쳤다면 어디에서 보상을 받아야 하나요?

5. 놓친 비행편은 어떻게 해야 하나요?

복습 퀴즈

1. 다음 중 RPA(운송제한승객)에 해당되지 않는 경우는?
   ① 정부기관의 요구가 있을 경우
   ② 단독 여행이 어려울 경우
   ③ 다른 승객의 여행에 지장을 줄 경우
   ④ 이전에 RPA대상이었던 경우

2. 다음 중 INVALID에 해당되지 않는 경우는?
   ① 정신적 질환 환자   ② 신체 부자유자
   ③ 생후 4주 미만의 신생아   ④ 대수술 후 10일 미만의 환자

3. 일반석 기준 Stretcher승객을 위해 몇 좌석이 필요한가요?
   ① 3좌석   ② 4좌석
   ③ 5좌석   ④ 6좌석
   ⑤ 7좌석

4. UM의 나이기준은?
   ① 만 14일 ~ 만 24개월 미만   ② 만 14일 ~ 만 12세 미만
   ③ 만 5개월 ~ 만 24개월 미만 ④ 만 3개월 ~ 만 12세미만

5. 비정상 운항에 대한 내용으로 알맞지 않은 것은?
   ① 국내선 지연 보상기준은 1시간 이상이다.
   ② 국제선 지연 보상 기준은 3시간 이상이다.
   ③ 대체 항공편을 제공하는 경우 보상금액이 달라진다.
   ④ 항공사의 문제로 발생하는 경우만 보상이 이루어진다.

6. 임신부에 대하여 항공기 탑승에 제약을 받는 기준은?
   ① 30주 이상   ② 31주 이상
   ③ 32주 이상   ④ 33주 이상

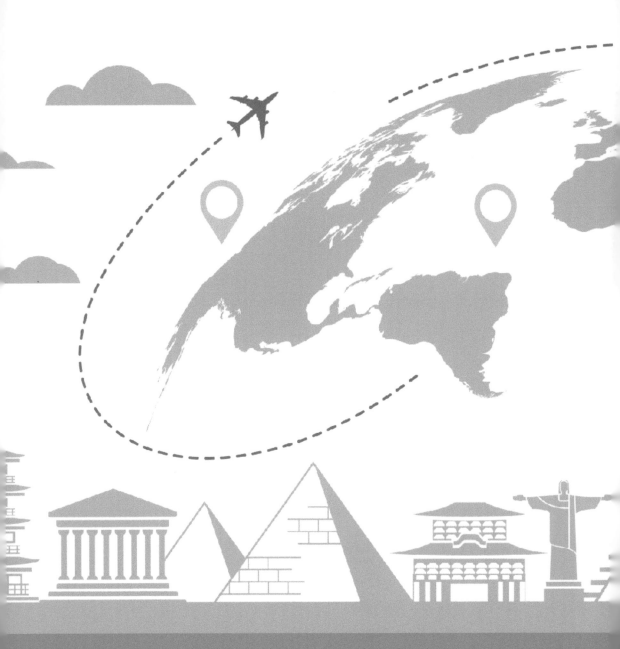

PART **13**

항공사고

개 요

이 장에서는 항공기 테러의 시도 사례에 대해 학습하고 항공사고시 안전 매뉴얼에 대해서도 학습한다.

학습목표

- 항공기 테러의 시도사례를 통해 항공안전을 위한 다양한 조치를 설명할 수 있다.
- 항공사고시 안전 매뉴얼에 대해 설명할 수 있다.

학습내용: 이론

- 항공테러시도와 항공안전을 위한 다양한 조치
- 항공사고 안전 매뉴얼

학습내용: 실습

- 항공사고 안전 매뉴얼

사전 퀴즈

1. 항공기 탑승시 액체와 젤류에 대한 기내 반입 용량의 제한을 하고 있다. 이런 제한이 왜 생겼을까?

2. LCC는 FSC에 비해 사고가 많이 난다고 생각하나요?

3. 아이와 함께 비행 중 비상용 산소마스크가 내려왔다. 내가 먼저 착용해야 하나 아니면 아이먼저 착용시켜야 하나?

I 항공기 테러와의 전쟁

1 기내 폭탄테러

- 1994.12, 필리핀발 일본행 필리핀항공
- 구두에 준비물 숨겨 반입
- 렌즈보존액에 액체폭탄 넣어 폭파

2 구두창 폭탄

- 2001.2 PAR-MIA AA63, 영국국적 이슬람교도, 구두창에 성냥으로 불을 붙이려다 발각

3 스포츠 음료 패트병 액체 폭탄

- 2006, 음료를 가장한 액체 폭발물을 항공기기내에 반입 후 폭파 시도
- 이 사건 이후 기내 액체반입을 제한함

4 개의 몸속에 폭탄 장치

- 2008, 바그다드, 화물로 위탁된 개 2마리가 사망하였는데, 몸속에 폭발물이 설치됨

5 속옷 안에 대량의 폭약

- 2009, 디트로이트 공항 착륙 직전, 한 승객의 모포에서 불길이 솟아 미수에 그침
- 속옷에 80g의 폭약을 넣고 탑승
- 이 사건 이후 전신 스캐너 도입

6 몸속에 폭탄 은닉

- 2009. 8, 사우디아라비아 왕자를 향해 자폭테러 시도
- 테러리스트 몸속에 폭발물 은닉

7 프린터 토너 폭약

- 2010.12, 레이저 프린터 토너 카트리지에 폭약 설치, 미국행 화물칸에 위탁

8 폭약주입 성형

- 여성의 가슴에 성형수술로 폭약주입
- C컵 이상이면 비행기 폭파 가능(5g)
- 전신 스캐너로도 탐지 불가능

9 연도별 다양한 항공테러 시도

- 60년대에는 항공기 납치
- 70년대에는 폭탄테러
- 80년대에는 승객납치가 시도되어 항공보안이 강화됨
- 90년대에는 미사일 공격
- 2000년대에는 항공기 납치 후 자폭
- 최근에는 사이버테러와 생화학무기 테러가 시도됨
- 다음과 같은 이유로 항공기 테러가 발생함
  - 항공기는 이동 및 도주가 용이함
  - 동시에 많은 인원을 인질로 삼아 협상도구화 하기 용이함
  - 적은 노력으로 테러목적을 달성할 가능성이 다른 수단보다 높다고 판단함
- 테러 징후가 발견되면 그것을 대비하기 위한 또 다른 검사와 규제가 도입될 것이므로 보안관련 내용은 수시로 업데이트 필요

 조사해보기

1. 항공사고 또는 항공테러의 사례를 3건 조사해보시오.

Ⅱ 항공사고시 안전 매뉴얼

- 기체에서 불이나 폭발하기까지의 골든타인은 '90초'
- 착륙전 기내 창문을 열어놓는 것은 바깥의 시야를 확보하기 위함이며 사고시 바깥 구조대가 비행기 안을 살피기 위함이다.
- 이착륙시 객실내 조명을 어둡게 유지하는 것은 비상상황이 발생했을 경우 시각적응을 위함이다.
- 항공사고의 70-80%는 이륙 후 3분과 착륙 전 8분에 집중되어 있고 이것을 마의 11분(Critical Eleven Minutes)이라 한다.
- 항공사고시 승무원의 지시에 맞춰 안전수칙을 지켜야 한다.

① 비행중 산소마스크가 내려올 경우, 보호자가 먼저 마스크를 착용 후 어린이나 노약자를 도움
② 좌석 등받이를 앞으로 세우고 안전벨트를 매고 웅크린 자세로 충격 최소화
③ 비상탈출용 슬라이드 이용시, 굽이 높은 구두나 모서리가 날카로운 장신구 등은 기내에 남겨두고 탈출
④ 구명조끼는 탈출 직전 문앞에서 양쪽 줄을 당겨 부풀린다.

학습정리

* 다음을 설명하시오.

1. 항공사고시 생명의 골든 타임은?

2. 항공사고시 안전 매뉴얼에 대해 3가지만 이야기 해보시오.

3. Critical Eleven Minutes은 무엇인가?

[Memo]

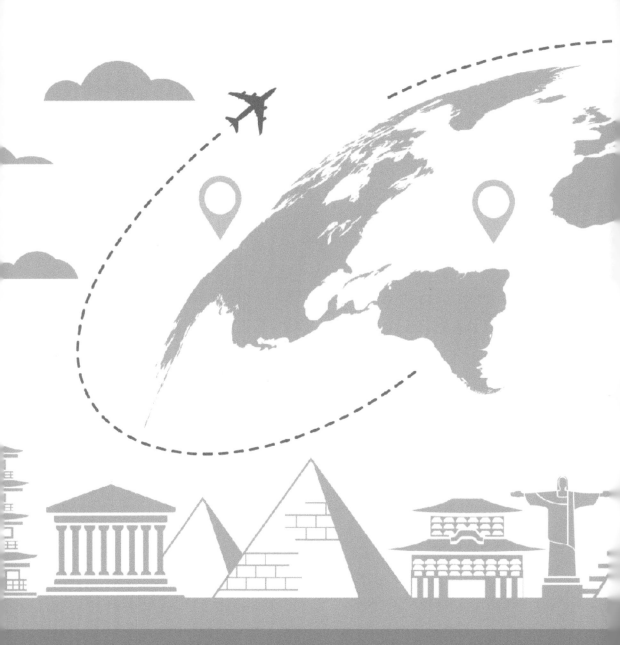

PART 14

항공용어

개 요

이 장에서는 항공용어에 대해 학습하면서 항공산업에 대해 이해한다.

학습목표

· 항공용어를 통해 실무능력을 키운다.
· 항공용어의 학습을 통해 항공산업을 이해할 수 있다.

학습내용: 이론

· 항공용어
· 항공용어를 적용한 항공상황

학습내용: 실습

· 항공용어를 활용한 항공상황

A

Accompanied Minor : 동반된 어린이

Actual Flying Time : 실제비행시간

Adult Fare : 만 12세 이상 관광자에게 적용되는 항공요금

Agency Commission : 대리점이 판매한 관광자의 항공권이나 화물의 판매에 대하여 지불되는 IATA 소정의 수수료

Agent : 항공권 판매 대리점, 화물운송대리점

Air Cargo : 항공기로 실어 나르는 항공화물을 말한다.

Air Tubulous : 비행 고도에 따라 예기치 않은 기류를 만나게 되어 기체가 움직이는 비행 흔들림을 말한다.

Airway : 항공로. 항공기의 운행을 위하여 지정된 항로

Aisle Seat : 통로편의 좌석

Alternative Airport : 대체 또는 교체공항(규정공항 착륙이 안될 때)

APIS(Advance Passenger Information System) : 출발지 공항 항공사에서 예약, 발권 또는 탑승 수속시 승객에 대한 필요 정보를 수집, 미법무부/세관 당국에 통보하여 미국 도착 탑승객에 대한 사전 검사를 가능케 함으로써 입국심사 소요시간을 단축시키는 미 사전 입국심사 제도를 말한다.

ASP(Advance Seating Product) : 항공편 예약시 좌석을 미리 배정해 주는 사전 좌석 배정 제도를 말한다.

ATR(Air Ticket Request) : 여객 대리점 중 담보 능력의 부족으로 항공권을 자체적으로 보유하지 못하고 승객으로부터 요청받은 항공권을 해당 항공시 발권 카운터에서 구입하는 여행사 대리점을 말한다.

Attendant : 동반자

AUTH(Authorization) : 담당자의 승인, 일반적으로는 항공사 측의 승인을 일컫는 말이다. 대개 할인요금의 경우는 할인 조건이 붙게 되며, 항공사측에서는 할인요금을 적용하기에 해당조건이 적당한지를 심사한 후 여행사에 승인을 함으로서 할인 항공권은 효력을 인정받게 된다.

FARE	SEAT
Adult Fare Child Fare Infant Fare	Aisle Seat Window seat Emergency Exit Bulkhead Seat

Baby Bassinet : 기내용의 유아요람, 항공기 객실좌석 앞의 벽면에 설치하여 사용하는 것임

Baggage : 관광자가 관광할 때 소지한 짐으로써 checked baggage 와 unchecked baggage가 있다.

Baggage Check : 관광자의 위탁화물 운송을 위해 항공권의 일부로 발행된 부분을 말하며 항공회사가 관광자의 위탁화물 영수증으로 발행한 것이다.

Baggage Claim Tag : 관광자가 화물을 부치고 나면 위탁 화물표를 관광자에게 준다.

Boarding Pass : 탑승권, 공항에서 탑승수속시 항공권과 교환하여 관광자에게 주는 탑승표로서 비행기 편명, 관광자 성명, 좌석번호, 목적지, 탑승시간, 탑승게이트 등이 적혀 있다.

Booking : 항공사나 여행사에서 항공 좌석의 예약 등을 말한다.(reservation)

BSP(Bank Settlement Plan) : 다수의 항공사와 다수의 여행사 간에 발행되는 항공권 판매에 관한 제반업무(항공권 불출, 판매대금 정산, 매표보고 등)를 간소화하기 위하여 항

공사와 여행사 사이에 은행을 개입시켜 해당 은행이 관련 업무를 대행하는 은행 집중 결재 방식의 제도를 말한다.

Bulkhead Seat : 비행기 좌석 중 맨 앞좌석을 말한다.

C

C.I.Q : Customs, Immigration, Quarantine(세관, 출입국 심사, 검역)의 약자로 출국 또는 입국시, 공항에서 관할 관서가 행하는 check의 대상항목이다.

Cabin : 객실

Cabin Crew : 기내에서 여객의 서비스를 담당하는 직원이며, 객실 승무원이라고 말한다.

Cabin Service : 기내에서의 각종 서비스

Cabotage : 한 국가영토내의 상업적인 운송규제를 말함. 원칙적으로 외국항공사는 타 국가 내에서의 국내 구간에서만의 운송이 금지되고 있다.

Cancellation Charge : 예약된 좌석을 사용하지 아니한 것에 대하여 부가되는 요금.

Carrier Open Ticket : 관광자가 출발할 때에는 대한항공을 이용했으나 돌아올 때는 아시아나 항공 등으로도 올 수 있는 항공권을 말한다.

Catering : 항공기에 식품류를 조달 및 탑재하는 것

Charter Flight : 전세항공기

Check-In : 탑승수속, 관광자가 공항의 항공회사 카운터에서 항공권, 여권, visa 및 위탁수하물에 대한 수속을 하고 좌석번호를 지정한 탑승권을 받기까지의 수속과정

Child Fare : 만 2세 이상 12세 미만 관광자에게 적용되는 항공요금, 통상 adult fare의 75%이다.

CIP : Commercially Important Person의 약자로 항공사와 중요한 관계를 맺고 있는 업체의 고위 간부

Circle Trip : 출발지와 도착지가 동일지점으로 항로가 중복되지 않고 돌아오는 일주 관광

Class : 항공좌석의 등급을 말한다.

Code Share : 비행기 한 대를 가지고 두 항공사가 좌석을 공유 판매하는 것을 말한다.

Company Account(COACT) : 항공사가 지상에서 관광자의 숙박비 등을 부담하는 것

Conditional Stopover : 조건부 도중하강

Confirmation : 예약의 확인

Conjunction Ticket : 한권의 항공권에 기입 가능한 구간은 4개 구간이므로 그 이상의 구간
을 관광할 때에는 한권 이상의 항공권으로 분할하여 기입한다. 이들은 일련의 항공권
을 말하며, 각각의 항공권 면상에 타의 번호를 기입한다.

Connecting Time Interval : 최소 연결 필요시간(Minimum Connecting Time)은 각 공항
마다 다르므로 final release OAG를 하여 관광일정을 작성하여야 한다.

Connection Time : 연결 항공편을 갈아타는데 필요한 시간

Control Tower : 비행장 관제탑

CRS(Computer Reservation System) : 항공사가 사용하는 예약전산 시스템으로 단순 예약
기록의 수록, 관리뿐만 아니라 각종 여행 정보를 수록하여 정확하고 광범위한 대 관광
자 서비스를 가능케 해주며 항공사 수입을 극대화시킬 수 있는 예약시스템을 말한다.

CRT(Cathode Ray Tube) : 컴퓨터에 연결되어 있는 전산장비의 일종으로 TV와 같은 화면과
타자판으로 구성되어 있으며 main computer에 저장되어 있는 정보를 즉시 display
해 보거나 필요시 input도 할 수 있다.

DCS(Departure Control System) : 공항에서의 관광자의 탑승수속 및 탑승관리업무의 전산
화시스템

Deadline : 마감시간, 최종기한이란 말로 여행의 모집 기한이나 운임 등의 지불기한에 쓰인다.

Delay : 항공기의 지연을 말한다.

Deportee : 추방

Deposit : 예치금

Direct Flight : 직행편

Direct Sales : 타 항공사나 대리점을 통하지 않고 자사에서 직접 판매하는 것

Divert : 항공기가 기상 및 제반 여건에 의해 예정 공항에 착륙하지 못하고 인근의 다른 공항에 착륙하는 것

Double Booking : 중복 예약

Down Grade : 등급의 변경, 상위에서 하위등급으로 변경하는 것

DSR(Daily Sales Report) : 항공권 판매에 관한 일일판매보고서

Duplicate Reservation : 동일의 관광자가 동일 노선에 1회의 관광에 대하여 두 번 이상으로 중복하여 예약하는 것

Economy Class : 2등석

Embargo : 항공사가 특정 구간에 있어 특정 여객 및 화물에 대해 일정기간 동안 운송을 제한 또는 거절하는 경우를 말한다.

Embarkation Tax : 외국으로 나갈 때 지불하는 출국세를 말한다.

Emergency Exit : 비상구라는 말로 교통기관을 이용하는 경우 반드시 비상구를 확인하여 유사시 이용하여야 한다.

Endorsement : 항공회사 간에 항공권의 권리를 양도하기 위한 것으로서 항공권의 지정된 탑승구간을 다른 항공사로 옮기는 것

Estimated Time of Arrival(ETA) :예정 도착시간

Estimated Time of Departure(ETD) : 예정 출발시간

Excess Baggage Charge : 초과 수하물운송을 위한 요금으로 국제선의 경우 1kg당 관광자가 탑승하는 등급에 관계없이 대인편도 1등 요금의 1%이다.

Exchange Order : MCO

Excursion Fare : 특별할인 왕복요금. 어느 특정구간에만 적용되는 요금으로 통상요금보다 약간 적은 요금으로 산정되어 있으며, 여러 가지 제약도 있으며, 유효기간도 최장, 최단의 단서가 붙어 있다.

Expired Ticket : 국제항공권의 유효기간은 발행일로부터 1년 또는 관광을 개시한 후 1년으로서 이 유효기간이 지난 항공권을 말한다.

Extension : 연장

Extra section : 정기편 이외의 부정기편

Familiarization Tour(= Family Tour = Fam Tour) : 관광기관, 관광단체, 항공회사, whole sale 등이 여행업자 등을 초대해서 신규노선, 관광 루트나 관광지, 관광시설, 관광대상 등을 무료로 시찰, 견학시키는 여행이다.

Family Name : 성을 말한다.

Fare : 관광자 및 그의 무료 수하물 허용량내의 수하물을 운송하기 위하여 항공회사가 관광자에게 요구하는 운임

FC(Fare Component) : 운임마디라고 말하며, 항공 운임 계산 과정에서 하나의 단위로 계산되는 구간들의 집합으로 하나의 여정을 몇 개의 운임마디로 나누는 것은 관계없으나 일반적으로 운임마디가 적을수록 운임이 저렴하다.

Firm : 탑승지에서 항공회사가 어느 항공편에 예약되어 있는 관광자에 대하여 그 예약을 사용할 의사의 유무를 확인하는 절차로 no-show를 최대한 억제하기 위하여 이루어지는 작업이다.

First Class : 일등석

FIT(Foreign Independent Tour) :여행사의 여행상품 이용시 인솔자가 동행하지 않는 개별 관광자를 말한다.

Flight : 비행, 항공편

Flight Coupon : 항공권의 일부로서 관광자가 탑승하는 구간을 표시하는 것이며 탑승 수속시 공항에서 탑승권과 교환되는 것을 말한다.

FOC : Free of Charge Ticket를 말하며 항공사에서 제공 되어지는 무료 항공권을 말한다.

Fragile : 공항에서 수하물 탁송시 깨지기 쉬운 수화물에 붙이는 꼬리표를 말한다.

Free and Reduced Fare Transportation : 자사 및 타사직원, 연간 무료우대 pass소지자, 대리점 등에 제공되는 무료 및 할인요금에 의한 운송

Free Baggage Allowance : 무료수하물 허용량, 관광자요금의 지불에 대해 그 이상의 지불을 받지 않고 운송되는 일정량의 수하물. 일반적으로 F/C요금 지불 관광자는 40kg, E/Y요금 지불 관광자는 20kg, 태평양 노선은 2개의 짐(PC)을 무료로 운송할 수 있다.

Free Sale Agreement : 타 항공사의 좌석상황에 관한 정보의 교환 없이 사전 약정된 조건에만 부합되면 관광자에게 해당 항공에 대한 좌석예약을 즉석에서 해 줄 수 있도록 항공사간 체결된 상호협력

G

Galley : 항공기내의 주방

GAP : 관광자의 관광일정중 항공이외의 교통수단을 이용하여 관광하는 부분, 즉 타 기점과 다음 탑승지점이 동일하지 않게 되는 경우를 뜻함. 그러나 동일 CITY내의 타 공항을 이동하는 경우는 GAP이라 하지 않는다.

Gateway(Gateway City) : 어느 지역에의 문호로 되어 있는 도시로서 예컨대, 미국 서해안의 문호도시는 seattle, san francisco, portland 및 los angeles 등이며 이들 도시는 요금 집계상 때때로 construction point로서 사용된다.

GMT : Greenwich Mean Time 영국 런던 교외 Greewich를 통과하는 자오선을 기준으로 한 Greenwich표준시를 0시로 하여 각 지역표준시와의 차를 시차(Time Difference)라고 한다. 지구는 각각 동서로 경도가 180도씩 있어 15도마다 1시간의 시차를 갖게 된다. 한국은 동경 135도를 표준시로 정하여 GMT+9결국 9시간 GMT 보다 빠르다.

Go Show Passenger(Stand By) : 만석 혹은 요금상의 제한 등에 의하여 예약할 수 없는 관광자가 만약 여석이 생기면 탑승하려고 공항까지 와서 탑승을 기다리는 것

Group Fare : 단체요금

GSA(General Sale Agent) : 국외에서 당사의 판매활동이 충분하지 않을때 다른 항공회사 혹은 대리점을 당사의 총판매 대리점으로 지정하여 동 지역에 있어서의 대리점의 지도 감독이나 홍보 선전활동 혹은 당해국 정부와 교섭의 창구가 되는 경우도 있다.

GTR(Government Transportation Request) : The United States of America Transportation Request의 약어. 미국 정부가 정부기관, 운항관계자의 공용여행을 요금 후입 취급으로서 교통기관에 발권을 의뢰하기 위한 요구서. 우리나라도 공무원 및 정부투자기관의 국외관광에 사용되어 있다.

H

Hand Carry Baggage : 기내에 가지고 들어갈 수 있는 수하물. 기내에서 사용하는 것, 혹은 파손의 우려가 있는 것. 귀중품 등 위탁하지 않고 관광자 자신이 객실내에 가지고 들어 갈 수 있는 수하물을 말하며 부피와 수량에 제한을 받고 있다.

High Season : 여행사나 항공사에서 성수기를 말한다.

Host : 여행사에서 여행의 주최자 또는 주인을 말한다.

IATA : International Air Transport Association의 속어로서, 세계항공회사의 단체로 1945년 4월에 아바나에서 결성되었다. 매년 1회 총회가 개최된다.

ICAO : International Civil Aviation Organization 의 약어로 국제민간항공협정에 의하여 1947년 성립한 국제민간항공기구임. 국제민간항공의 발전을 도모하고 그의 안전과 질서 있는 성장을 보장한다. 본부의 소재지는 캐나다의 몬트리올, 가맹국은 141개국이며, 한국은 1952년 12월 11일 가맹하였다.

Immigration : 출입국심사

Inbound(Incoming) : 입국 관광자

Inclusive Tour Fare : 보장관광 요금

Individual : 개인 관광자

Infant Fare : 유아요금, 국제선에서는 2세 미만으로서 좌석을 확보하지 않을 때에는 보통 요금의 10%, 좌석을 확보할 때에는 75%이며, 국내선의 경우 2세 미만은 무료이다.

Interline Sales Management : 항공회사가 면제운송협정에 의거하여 상호의 항공권을 접수하여 그것을 IATA Clearing House 또는 관계회사 간에 결재를 행하는 것

Inter-Line : 자기가 소속된 항공사를 제외한 타 항공사 국내선

Interline Point : 관광자가 연결기점까지 관광한 항공사와는 다른 항공사 비행편으로 계속 관광하려는 경우 해당 비행편을 갈아타려는 예정한 장소.

Interline Sales : 한 항공사 노선으로 세계의 구석구석까지 관광자가 요구하는 시간, 지점에 운송을 한다는 것은 불가능한 일이다. 따라서 항공회사는 상호가 판매활동을 하기 때문에 자사가 선택되도록 하는데 타 항공회사 sales를 말한다.

International Certificate of Vaccination : 흔히 Yellow Card 또는 Vaccination Card라고 부르는 콜레라, 황열병 등에 대한 국제공인 예방 접종 증명서를 말한다.

Interpreter : 통역

Issuing Carrier : 타 지역항공권 교환 발생시에 신 항공권을 발행한 발권항공회사 또는 최초에 요금을 영수하여 항공권을 발행한 회사는 Original Issuing Carrier라고 한다.

Itinerary : GAP을 포함한 관광자가 관광하려 하는 전 관광일정

Itinerary Change : 관광일정의 변경

Joint Operation : 항공협정상의 문제나 경쟁력 강화를 위하여 2사 이상의 항공회사가 공동운항을 하는 것. 운항은 1사만이 행하고 상대회사는 주로 영업면에서 협력한다.

Kosher Meal : 유태교의 교법에 의하여 일반용 식사를 들 수 없는 관광자에게 제공하는 유태교의 계율을 따라서 조리된 식사, 미리 예약이 필요하며 KAL에서는 72시간 전까지 예약을 접수한다.

Land Operator : 여행의 지상 수배를 전문으로 하는 자를 말한다.

Load Factor : 관광자 또는 화물의 탑재 가능량에 대하여 실제로 탑승한 관광자 또는 화물의 탑승률을 말함

Local Time : 현지시간

Lost & Found Office : 공항에서의 승객의 화물 유실물 취급소를 말한다.

Lounge : 국내도 외국도 아닌 비행기를 타기 직전에 대기하는 장소를 말한다.

Last Name : 성

Minimum Connection Time(MCT) : 갈아타는데 걸리는 최소한의 시간. 각 공항마다 정해져 있다.

Miscellaneous Charge Order(MCO) : 항공사나 대리점이 발행한 MCO에 기재된 사람에게

적절한 티켓발급이나 서비스의 제공을 요청하는 서류이다. 요금이나 최과수하물 운임의 지불 혹은 차액 등의 완불을 위한 지불수단으로서 이용되고 있다.

Mis-Connection : 바꾸어 탑승할 때 접속지점까지 수송하는 항공편이 지연되거나 결항하여 항공편에 탑승하지 못하는 것을 말함.

Multiple Airport City : 두 개소 이상의 공항이 있는 도시를 말한다.

N

Net Fare : 항공료나 여행상품의 가격에서 수수료를 뺀 원가를 말한다.

No Record(NOREC) : 관광자가 탑승수속시 예약된 티켓을 제시했으나 항공사 쪽에는 예약을 받은 기록이나 좌석을 확인해준 근거가 없는 상태를 말함

No Show(NOSHO) : mis connection 이외의 이유로서 관광자가 예약 취소를 하진 않은 체로 예약편에 탑승하지 않는 것

No Subject to Load(NOSUB) : 무상 혹은 할인요금을 지불한 관광자가 일반 유상 관광자와 같이 좌석예약을 할 수 있도록 하는 것.

Non Revenue Passenger : 무임탑승 관광자. 특별히 무료로 관광할 수 있도록 계약된 사람들로서 대부분이 타 항공사 직원들이다. 이는 space가 있을때 check-in할 수 있는 sublo basis와 confirmed basis로서 예약 확인되면 check-in이 언제든 가능한 no sublo가 있다.

Non Stop flight : 목적지까지 중간 경유지 없이 비행하는 것을 말한다.

Non-Smoking Seat : 금연석

Normal Fare : off season 이외에 상용되는 보통요금

OAA(Orient Airlines Airline Research Bureau) : 1966년 설립된 동양항공회사로 OARB(Orient Airlines Research Bureau)를 전신으로 하여 1970년 10월 OAA로 개칭되었다. 동양지역의 항공회사 11개사가 가맹하여 역내 항공운송사의 제반 문제의 해결을 맡고 있다. 사무국은 마닐라에 있다.

OAG(Official Airline Guide) : 전 세계의 국내, 국제선 운항 항공사의 시간표를 중심으로 요금, 통화환산표 등 관광에 필요한 자료가 기록된 간행물

Occupancy Rate : 항공기의 좌석 이용률을 말한다.

Off Season Fare : 관광비수기에 관광자를 확보하기 위하여 판매하는 할인요금

OJT(On the Job Training) : 신입 사원이나 부서 이동시 새로운 업무에 대한 실무 훈련을 말한다.

On-Line/Off-Line : On-Line은 우리 항공기가 정기 운행되고 있는 노선을, Off-Line은 대로 우리 항공기가 정기적으로 운항되고 있지 않은 노선 또는 도시를 나타낸다.

Open Jaw Trip : 일주 또는 왕복여정으로 출발지가 같고 목적지에 있어서 항공기를 사용하지 않고 두 지점 간을 이용하는 여행을 말하며, 또는 출발지와 기착지가 다른 여행으로 각기 왕복운임을 쓸 수 있는 여행을 말한다.

Open Ticket : 예약이 되어 있지 않는 항공권을 말함

Operation : 운항

Outbound ; 자국을 기준으로 출국하는 관광자

Over Booking : 어떤 비행편에 판매 가능한 좌석수보다 많은 관광자의 예약을 접수한 상태

Over Riding Commission : 총대리점이나 포괄관광 등 특수한 판매노력을 필요로 하는 것에 대하여 통상의 대리점 수수료에 가산하여 지불되는 추가 수수료

Over Weight Baggage : 초과화물

Oversale : 좌석이 확약된 항공권을 소지한 관광자가 예약된 비행편의 좌석 부족으로 탑승할 수 없는 상황 이러한 상황은 over-booking 및 기종의 변경, 직원의 실수 등으로 발생할 수 있다.

Pacific Area Travel Association(PATA) : 태평양지구의 관광촉진을 의하여 항공회사, 기타의 교통기관, 호텔, 관광업자, 대리점 등에 의하여 설립된 협회

Passenger : 관광자, 탑승관광자

Passenger Coupon : 국제선 항공권의 최종 page의 백색종이, 관광종료후 혹은 교환발생의 경우에도 이것만은 항상 관광자에게 남아 있다. 따라서 관광의 기록으로써 사용되며 관광자의 운송계약의 등록서류 또는 영수증으로도 이용된다.

Passenger Name Record(PNR) : 예약 접수된 승객의 예약기록

Passenger Service Order(PSO) : 항공사의 형편에 의해 운항 불능시 관광자에게 호텔, 식사, 지상 교통비의 제공을 지시하는 coupon 또는 지시어로서 통상의 경우 layover한 후 관광을 계속해야 할 관광자를 위해 출발거리에서 미리 layover station공항에 P.S.O를 message로 보내고 있다.

Passenger Space : 관광자가 탑승할 수 있는 좌석

Passenger Ticket & Baggage Check : 보통 티켓을 말한다.

Passport : 외국으로 관광하는 자국인 또는 자국에 있는 외국인에게 신변 변호를 위하여 정부가 국민에게 발행해 주는 국외관광용 신분 증명서를 말하는 것으로서 크게 나누어 4가지로(외교관 여권, 관용여권, 일반여권, 임시여권) 분류할 수 있다.

Prepaid Ticket Advice(PTA) : 항공요금의 선불제도로서 요금지불인이 멀리 떨어져 있는 관광자를 위하여 요금을 불입하고 실제로 탑승한 승객이 있는 곳에서 발권을 하여 탑승관광자에게 항공권을 전해주도록 통지하는 것

Promotional Fare : 판매촉진요금

Property Irregularity Report(PIR) : 승객이 자신의 수화물에 지연, 분실, 파손, 부분 분실 사고 발생시 항공사에 사실을 알리기 위해 자성하는 수화물 사고 보고서를 말한다.

Published Fare : 항공회사의 관광자요금표에 공시되어 있는 관광자요금을 말함

Quarantine : 검역

Rate : 여행사가 항공사에서 각종의 운임, 요금, 율 등을 말한다.

Receiving Carrier : 승객의 비행기 연결 운송시 바꾸어 타는 지점으로부터 운송을 인계받은 항공사

Reconfirmation : 좌석예약의 재확인. 관광자가 관광도중 어느 지점에서 72시간 이상 체재하는 경우 늦어도 항공기 출발 72시간 전까지 부재 또는 관광 진행 비행편에 대한 예약을 재확인하는 규칙

Refund : 티켓의 미 사용분에 대한 금액을 구매자에게 환불해주는 것

Reissue : 항공권의 재발행. 이미 발행된 항공권을 관광일정변경, 항공사 변경, 좌석등급변경 등의 사유로 차액을 징수 혹은 지불하여 재발권 해주는 행위

REP(Representative) : 여행업자 또는 도매업의 주재원, 연락원, 대표 등을 말한다.

Rerouting : 항공권에 기재된 탑승예정의 경로를 변경하는 것을 말함

Reservation : 좌석예약, booking과 동의어

Round Trip : 왕복 관광

Runway : 활주로

S

Sales Report : 당사 지점 혹은 대리점에서 항공권을 발권시 발권에 관한 명세를 기입하여 본사 수입심사부에 재출하는 보고서

Sell & Report : 예약판매방법의 하나로서 예약관리부로부터 연락되어 온 예약상황 통보에 의하여 미리 설정된 예약취급 1건마다의 판매한도의 테두리 안에서 판매토록 하여 보고하도록 하는 방법이다.

Special Fare : 특별요금

Stand By : go show라고도 하는데 예약 없이 지정된 check-in 지역 내 나타나서 좌석 상황에 따라 여분의 좌석이 발행했을 때 좌석을 배정받게 되는 관광자를 의미한다.

Stopover : 도중체류 관광자가 항공회사와의 사전 예정 승인을 받은후 출발지와 목적지의 중간 기착지에서 체류함을 뜻함

Stretcher Case : 들것 사용의 중병 관광자 운송에 있어서의 운송부의 사전승인을 요하며 의사 또는 착수원의 수행이 조건으로 되어 있고 특별요금이 사용된다.

Student Fare(SD) : 학생요금

SUBLO(Subject To Load) : 사전의 예약이 인정되지 않고 여석이 있을 때 탑승할 수 있는 제도를 말함. 예로써 무상 혹은 할인요금으로 탑승하는 관광자 또는 항공사 직원 등에 적용됨

Seat Assignment : 좌석의 배치

Special Meal : 유아 등 특수한 관광자를 위한 식사

Seeing Eye Dog : 맹인을 위한 길 안내 인도견

Segment : 탑승구간. 특정 비행편의 운항구간 중 관광자의 관광일정이 될 수 있는 모든 구간

Schedule : 항공사에서는 표, 시간표, 예정표 등으로 쓰이며, 여행업계에서는 일정표를 두고 말한다.

Seat is Open/Seat is Close : Seat is Close는 항공기의 좌석이 매진된 경우를 그리고 Seat is Open은 항공사에서 판매할 좌석이 있는 경우를 말한다.

Surface : 여정 중 항공으로 연결되지 않는 구간. 예를 들어 여정이 서울에서 동경을 가서 동경에서 오사카는 기차를 이용하고 오사카에서 서울로 돌아오는 경우 표시는 SEL-TYO- X- OSA-SEL로 하고 동경과 오사카 구간을 말한다.

T

Tariff : 항공관광자 요금이나 화물요율 및 그들의 관계 규정을 수록해놓은 요금요율책자

Taxiway : 유도로. 공항에 있어서 Apron에서 활주로에로 항공기가 이동하기 위하여 사용하는 통로를 말함

Through Check-In : 단일 항공편으로 관광일정이 끝나지 않고 접속 항공편을 가지고 있는 관광자의 경우 수하물을 최종항공편의 목적지까지 부치는 것을 말한다.

Through Fare : 출발지점에서 종착지점까지 일괄 관광자요금

Ticket : 관광자의 비행기표와 Baggage Check

Ticketing Time Limit(T/L) : 항공권 발권 시한. 예약신청 후 출발 전 일정시점까지 항공권을 구입하지 않았을 때에는 예약이 취소된다.

Time Difference : 국가와 국가사이 지역과 지역 간의 시차를 말한다.

Tour Conductor(T/C) : 단체에 수행하여 일을 돌보는 인솔자. 일반적으로 관광자가 10여명 이상 15명까지의 경우는 인솔자의 요금을 반액으로 하고, 15명 이상은 무료이다.

Transfer : 최종목적지까지 가기 위해서 중간 기착지에서 비행기를 갈아타는 것을 말한다.

Transit Passenger : 타국에로의 통과목적만으로 입국하는 통과 관광자

Travel Agency : 항공대리점

Trip Without Visa(TWOV) : 무사증 단기체류의 준말이며 관광자가 규정된 조건하에서 입국

사증 없이 어느 나라에 입국하여 짧은 기간 동안 체류할 수 있는 편의를 말한다.

Unaccompanied Minor(U/M) : 통상 UM이라 하며 3개월 이상 12세 미만의 유아나 어린이로 성인보호자가 동반치 않고 단독 항공관광을 할 경우이다.

Unchecked Baggage : hand baggage와 동의어로서 의탁하지 않고 자신이 기내에 가지고 들어가는 수하물

Up Grade : 상급 class에의 등급변화. 관광자의 의사에 따라 행하는 경우를 Voluntary Up Grade라고 하며 회사의 형편상 행하는 경우를 Involuntary Up Grade라고 한다. 후자의 경우 원칙적으로 추가 요금을 징수하지 않는다.

Validation : 항공권에 압인하는 STAMP. 발행 항공회사명, 발행연월일 등이 자인되어 있고 이 stamp가 없는 항공권은 유효로 인정하지 아니함

VIP(Very Important Person) : 중요인사. 대통령, 수상, 의회의장, 대법원장, 장관, 정당당수, 의원 기타 중요 정부 관리를 일컫는다.

Visa : 사증, 국외관광자가 목적하는 국가에 입국하려 할 때 이를 허가하는 입국허가

Voucher : 관광자가 여행지에서 식사나 관광입장료, 숙박 등의 서비스를 받기 위하여 사전에 이들의 경비를 지불하고 그 대신에 여행업자가 발행하는 증표를 말한다.

Waiting List : 판매가능좌석이 모두 예약완료시 예약취소를 기대하고 대기하고 있다가 좌석
　　　　　　발생시 탑승하는 것을 Waiting이라 하며 이들 공석을 기다리는 관광자의 list

Wave : 규정에서는 벗어나지만 요금, 일정 등의 규정 위배 부분을 묵인하고 승인해주는 것을
　　　　말한다.

Wholesaler : 여행상품의 도매업자를 말한다.

Window seat : 창가좌석

Yellow Card : 예방접종 증명서를 말한다.

YM(Yield Management) : 주어진 시장경쟁 아래에서 미래의 수요를 예측하고 최적의 예약
　　　　　　통제기법 및 운임배합을 구사하여 매 출발 비행 편마다의 여객수입을 극대화함으로서
　　　　　　전체 영업 수익을 제고하는 체계적이며 종합적인 의사결정 과정을 말한다.

Youth Fare : 항공사에서 청소년의 항공운임을 말한다.

참고문헌

- NCS기반 항공서비스 업무 기본, 신상태, 박수진, CENGAGE, 2019
- 예비 항공서비스인을 위한 항공업무개론, 고선희, 새로미, 2015
- 최신 항공업무이 이해, 장순자, 백산출판사, 2014
- 항공업무 관리, 김학용, 대왕사, 2011
- 항공업인문, 최기종, 학문사, 2011
- 항공예약실무, 조희정,원종혜,최미선, 한올출판사, 2008
- 항공운송론, 유문기, 김정석, 김종성, 대왕사, 2016
- 항공운송론, 전약표, 배신영, 김재석, 새로미, 2017
- 해외여행 항공업무의 이해, 한국여행발전연구회, 대왕사, 2012

- https://kto.visitkorea.or.kr/kor.kto
- https://simpleflying.com/
- https://www.airport.kr/ap/ko/index.do
- https://www.airportal.go.kr/index.jsp
- https://www.iata.org/en/
- https://www.icao.int/Pages/default.aspx
- https://www.koreanair.com/kr/ko
- https://www.oneworld.com/
- https://www.planespotters.net/
- https://www.seatguru.com/
- https://www.skyteam.com/en
- https://www.staralliance.com/ko/home

PART 02

1. X 2.X 3.라이트형제 4.플라이어호 5.X 6.제트엔진 7.③ 8.시콜스키 9.③ 10.④

PART 03

1.② 2.① 3.② 4.② 5.③

PART 04

1.② 2.② 3.② 4.③ 5.⑤ 6.④

PART 05

1.② 2.④ 3.① 4.③ 5.⑤ 6.③ .③ 8.①

PART 07

1.① 2.④ 3.① 4.④

PART 08

1.③ 2.④ 3.① 4.① 5.⑤

PART 09

1.④ 2.④ 3.④ 4.① 5.④

PART 10

1.① 2.⑤ 3.③ 4.② 5.② 6.③

PART 11

1.② 2.④ 3.⑤ 4.② 5.③

PART 12

1.④ 2.③ 3.④ 4.④ 5.② 6.③

조희정(관광학박사)

신구대학교 글로벌호텔관광과 교수

[학력]
경기대학교 대학원 관광경영학과 관광학박사
경기대학교 대학원 관광경영학과 관광학석사
경기대학교 관광대학 관광경영학과 졸업

[주요 경력]
경기대학교, 상지대학교, 인하공업전문대학, 동남보건대학 등 강사
와이에스 인더스트리 근무
에델바이스투어 근무
델타항공사 근무

[저서와 논문]
관광과 예절. 백산출판사, 2006.
항공컴퓨터 예약 실무론. 21세기사. 2006.
항공예약실무. 한올출판사, 2008.
관광경영학. 현학사, 2012
글로벌 면세 서비스. 한올출판사, 2020.

항공서비스실무 워크북

1판 1쇄 인쇄 2022년 05월 25일
1판 1쇄 발행 2022년 06월 01일
저　　　자 조희정
발 행 인 이범만
발 행 처 **21세기사** (제406-00015호)
　　　　　경기도 파주시 산남로 72-16 (10882)
　　　　　Tel. 031-942-7861　　Fax. 031-942-7864
　　　　　E-mail : 21cbook@naver.com
　　　　　Home-page : www.21cbook.co.kr
　　　　　ISBN 979-11-6833-040-5

정가 21,000원